François de Mahy

Autour

de l'île Bourbon

et de

Madagascar

FRAGMENTS DE LETTRES FAMILIÈRES

FAC ET SPERA

PARIS

ALPHONSE LEMERRE, EDITEUR

23-31, PASSAGE CHOISEUL, 23-31

M DCCC XCI

Autour

de l'île Bourbon

et de

Madagascar

François de Mahy

Autour
de l'île Bourbon
et de
Madagascar

FRAGMENTS DE LETTRES FAMILIÈRES

PARIS

ALPHONSE LEMERRE, ÉDITEUR

23-31, PASSAGE CHOISEUL, 23-31

M DCCC XCI

A la mémoire

de ma petite-fille bien aimée

Adèle Georgette Imhaus de Mahy

« *Ma petite amie,* »

Je te dédie ce livre.

Tu étais notre plus tendre affection, ma petite camarade inséparable.

Quand je me mettais au travail de trop grand matin, tu t'en apercevais dans ton sommeil léger et tu me grondais; puis de ta voix divine tu me disais : « Écoute! si c'est pour Bourbon ou Madagascar ou pour ton généralissime, je permets. »

« *Généralissime,* » c'était ma proposition de loi d'État-Major.

« *Madagascar* » et « *Bourbon,* » c'était la politique coloniale.

En vraie patriote tu subordonnais tout à ces choses d'intérêt suprême. Pour elles seules tu consentais à me laisser sacrifier mon repos.

La soirée, ton amusement était de t'asseoir sur mon bureau et de faire des dessins à la plume, ou de regarder des gravures, « fouillotter » dans mes tiroirs, découper en papier de fines dentelles, des poupées, des monuments, des arabesques, des ornementations merveilleuses, sans m'empêcher de travailler à côté de toi, et de causer avec la famille réunie autour de nous, ou avec les amis et les compatriotes qui venaient m'entretenir de leurs affaires ou des questions du jour.

Tu étais ainsi, et sans paraître y prendre garde, initiée à toutes mes pensées et à des sujets au-dessus de tes six ans, mais non de ton intelligence et de ton fier caractère et de ton lumineux bon sens. Personne ne prenait plus de part que toi à tout ce qui m'advenait : au succès de mes conférences, de mes discours, de mes polémiques, aux événements de la politique, aux incidents de ma vie parlementaire.

Nos joies étaient les tiennes; nos soucis, tu savais les dissiper, car tu avais aussi le mot pour rire. Ton existence et la nôtre étaient intimement mêlées.

Tu nous aimais de toute ton âme, de tout ton petit cœur si pur, si brave et si grand. Tu aurais pris notre défense contre le monde entier. Nulle amitié n'était plus forte que la tienne.

Tu étais adorable par ta bonté, ta beauté, ta gentillesse, ton esprit, ta générosité, ta sincérité candide, ton exquise probité et ta grâce charmante.

Tu étais la joie de la maison. Aujourd'hui la maison est désolée.

Je retire de ce bureau où tu ne viens plus, ces lettres de Madagascar et de Bourbon qui te plaisaient. Elles ne sont pas anciennes, hélas ! et déjà nous n'avons plus ta douce présence auprès de nous.

Tu étais notre idole, tu es notre culte. Ton souvenir, l'espoir de te retrouver me soutiennent et m'empêchent de succomber dans l'amertume de notre deuil, jusqu'au jour où je te rejoindrai, ô notre ange adorée.

AVANT-PROPOS

ES *causeries avec ma famille n'étaient pas destinées à la publicité. Écrites au jour le jour, au courant de la plume, à travers les incidents, les fatigues, les distractions, les gênes d'un long voyage, elles n'ont rien d'une œuvre littéraire. Communiquées à quelques amis qui s'informaient de moi, elles leur ont semblé de nature à intéresser le public. Longtemps j'ai résisté à ce conseil. J'y obéis enfin, en extrayant de ces lettres familières les passages où le lecteur (si ce volume en rencontre) pourra trouver quelques indications sur la route de nos paquebots dans la Méditerranée, la mer Rouge et la mer des Indes ; — sur l'existence à bord, — sur quelques pays, Aden, les Séchelles, Bourbon, Mada-*

gascar, qui ont occupé à des titres et à des degrés divers l'opinion publique.

On me dit, pour m'encourager à cette publication, qu'elle peut ramener l'attention du public sur certaines questions coloniales, celle de Madagascar, notamment. Plût au ciel! je ne sais rien en effet qui implique à un plus haut point les destinées de la France que les questions de politique coloniale, maritime et étrangère. Je n'en connais pas qui soient plus ignorées du public. Aucunes, cependant ne méritent plus d'éveiller sa sollicitude, car ce sont questions de vie et de mort, ni plus ni moins.

Ce petit livre ne peut se flatter d'en offrir un exposé didactique. Il n'est pas publié dans ce but et les fragments qui le composent n'ont pas été écrits dans cette prévision. S'il fait naître chez quelques personnes le goût des choses coloniales, l'ambition de l'auteur sera satisfaite.

F. M.

De Marseille à Bourbon

Août-septembre 1885

De Marseille à Bourbon

Marseille. Lundi 24 août 1885.

SOYEZ gais, afin d'être bien portants, et afin que le chagrin et le remords de vous avoir quittés ne me ronge pas ! J'ai fait dans ma vie bien des sacrifices à la chose publique. Aucun ne m'a été douloureux comme celui-ci. — Enfin ! ayons tous bon courage puisque le sort en est jeté. Je peux vous assurer que je suis très résolu à mener à bien la campagne que j'ai entreprise, du moment que j'ai tant fait de l'entreprendre.

M. Imhaus m'attendait à la gare. J'ai eu
grande joie de le voir. Au même instant je
m'entends appeler. C'étaient Granet, Camille
Pelletan et Clovis Hugues, qui d'un train partant
de Marseille pour la banlieue, me tendaient une
bonne poignée de main. Nous nous sommes dit
au revoir avec cordialité. Mes trois collègues ont
commencé leur tournée par une sérieuse visite
aux cholériques. C'est bien de leur part, et c'est
brave.

Marseille. Nuit du 24 au 25 août, 2 h. matin.

Le grand dîner et la soirée chez M. et Mme Imhaus
se terminent à l'instant. Fête superbe. J'y ai vu
beaucoup de personnes, du monde officiel et du
monde de la finance et du commerce. On a causé
de Madagascar. On est partisan d'une action
décisive, on voudrait une politique nette et
ferme. En vérité, l'opinion n'est pas douteuse sur
ce point. Elle est favorable. Il n'y a que le gouvernement à ne pas vouloir s'en rendre compte,
aveuglé qu'il est.

... Je prie Milo, quand il ira à Paris, de passer
rue de Lille, 48, librairie Monnerat, et d'y
acheter deux exemplaires du factum de M. Sail-

lens, où notre pauvre France est si bellement traitée. Milo aura la bonté de les mettre sous enveloppe et d'en adresser un à M. Cyprien Fabre, l'autre à M. le général de Colomb. Ces messieurs savent que la brochure leur viendra de moi. Comme je leur en parlais et qu'ils m'ont paru croire que j'exagérais, je les ai priés d'en juger par eux-mêmes. Au surplus, des œuvres comme celle-là ne sauraient être trop divulguées.

25 août, soir.

Nous avons assisté ce soir à un spectacle grandiose. Après dîner, à *la Réserve* où M. Imhaus a réuni quelques amis en petit comité, un violent orage a éclaté, illuminant par des éclairs immenses, prolongés, à jets continus, la mer et les îles en face de nous. Nous avons vu la foudre tomber je ne sais combien de fois sur la mer, au delà des îles. Les grondements du tonnerre étaient superbes. Une pluie à verse, de peu de durée, a calmé cette grande perturbation de l'atmosphère, et nous sommes rentrés vers onze heures à la trésorerie, où nous avons retrouvé chez M. Imhaus la magnifique hospitalité que vous connaissez.

En mer, à bord du Yarra *des Messageries maritimes.*
Jeudi 27 août 1885.

Nous sommes partis hier de Marseille par un très beau temps, qui ne s'est pas démenti depuis. M. et Mme Imhaus et Milhet m'ont accompagné à bord. M. Le Cat, administrateur des Messageries maritimes, a eu l'amabilité de me présenter au commandant du paquebot, M. Vimont, qui est un charmant homme. Le navire est l'un des plus beaux de la flotte des messageries et ce n'est pas peu dire. J'y ai une excellente cabine, très aérée, sur le pont.

Quant aux événements qui ont signalé ce début du voyage, le nombre et l'importance en sont notables.

1° A une heure environ de Marseille, on a arrêté la marche du navire. Pourquoi?... C'était un pauvre diable de petit gamin marseillais que la curiosité avait attiré à bord et qui s'y était oublié. Il criait comme un blaireau pour qu'on le ramenât à terre. Une barque qui passait à côté de nous s'est chargée de ce soin.

2° Un peu plus loin, grand tapage du côté de la machine. Cette fois, c'était un Grec qui, apparemment, avait des raisons pour filer par-

dessus bord la terre de France. Il était caché
dans une manche à vent, où un chauffeur arabe
d'Aden le découvrit. Bon gré mal gré, on le dé-
posa dans une barque (la mer en est couverte
aux environs de Marseille) qui rentrait au port.
On suppose que ce Grec a dû avoir quelque dé-
mêlé avec la justice.

3°, 4° Etc., etc . . . .

Vendredi 28, 8 h. matin.

Nous sommes en vue des îles Lipari. Dans
une heure ou deux, nous serons à côté de Stromboli. Tantôt nous passerons le détroit de Messine.
Hier matin, nous avons passé les bouches de
Bonifacio. J'ai revu le cap Ours (un vrai ours en
pierre, sculpté des mains de dame Nature); j'ai
revu aussi la maison de Garibaldi, à Caprera.
Vous rappelez-vous la scène émouvante qui s'est
produite à bord du *Labourdonnais,* quand nous
avons passé devant cette petite île, lors de notre
premier voyage, en janvier 1871? C'était au
plus triste moment de la guerre. Les nouvelles
que nous avions reçues à Port-Saïd étaient na-
vrantes, mais nous ne voulions pas admettre
qu'elles fussent vraies. La France défaite! Non,
non, ce n'était pas possible, et nous vivions dans

l'attente d'un coup d'éclat relevant la fortune de
la France et que nous fêterions en mettant pied
à terre à Marseille. Les passagers étaient nombreux, rentrant de tous les coins de l'extrême-
Orient et de la mer des Indes. Il y avait aussi des
étrangers, parmi lesquels l'ambassade chinoise,
venant faire amende honorable du massacre
de Tien-Tsin. Tout ce monde était de nuances
politiques variées; mais la nuance républicaine
ne dominait pas. Je ne sais s'il y avait d'autres
républicains que M. de La Serve et nous, et les
jeunes créoles engagés volontaires pour la durée
de la guerre. A part nous, presque tous les passagers s'indignaient de « l'outrecuidance de Garibaldi. Quelle fanfaronnade, de prétendre ainsi
secourir la France. Comme si la France avait besoin de la sympathie de cet aventurier, etc., etc.»
Seuls, M. de La Serve, nos jeunes gens et moi, nous
avions pour Garibaldi une admiration enthou-
siaste, et nous avions fort à faire de défendre ce
défenseur de notre pays. C'était la dispute de
chaque jour. — On arrive au détroit de Bonifacio à l'heure du déjeuner. Quand on fut par le
travers de Caprera, tout le monde se lève de
table et court sur le pont, et quand le navire se
trouve en face de la maison de Garibaldi, toutes
les têtes se découvrirent, dans un mouvement
spontané, au milieu d'un profond recueillement.

Quand la maison ne fut plus en vue, un cri solennel la salua : « Vive la France! Vive Garibaldi! » Ce souvenir se représente à mon esprit
comme s'il était d'hier. Quel effet du prestige de
cet ami de la France, que l'hommage en quelque
sorte instinctif d'une foule dont la majeure partie
était pleine de préjugés et de sentiments hostiles
contre lui!

Samedi matin, 29 août 1885.

La journée d'hier a été employée à voir défiler
devant nous le groupe des Lipari, le volcan
de Stromboli, le détroit de Messine, la côte
d'Italie jusqu'à Spartivento. Soit que le temps
fût moins clair, soit disposition, j'ai trouvé tout
cela, de même que les bouches de Bonifacio,
moins beau que la première fois. C'est très beau
pourtant. — Aujourd'hui, nous n'apercevons aucune terre. Demain, nous verrons un peu l'île de
Candie (la Crète). Lundi, nous serons à Port-
Saïd, d'où je vous expédierai cette lettre.

Dimanche 30 août.

Ce matin, à huit heures et demie, les prêtres

que nous avons à bord ont dit une messe sur le pont. J'y ai assisté comme tout le monde.

La cérémonie, toute simple, ne manquait pas de solennité. J'ai remarqué l'attitude très recueillie d'une cinquantaine de soldats d'infanterie de marine, passagers pour la Nouvelle-Calédonie. L'autel était adossé contre ma cabine, sur le pont. Quelques drapeaux en formaient tout l'ornement.

Hier, dans l'après-midi, nous avons vu le cap Matapan. Cette nuit et jusqu'à ce matin, nous avons longé la côte sud de l'île de Crète. En ce moment, nous ne voyons aucune terre. Demain, dans la journée, nous verrons la côte basse d'Égypte et nous arriverons à Port-Saïd. Le voyage continue dans des conditions favorables. Je crois d'ailleurs que sur ces navires, solidement construits et bien commandés, il n'y a aucun danger, sauf le danger de gourmandise. Les repas trop nombreux et trop copieux, et pas mal accommodés. C'est une mangerie perpétuelle. Mais ma sobriété ne se laisse pas entamer.

En face de moi, à table, est le commandant Littré, capitaine de vaisseau, qui va à Madagascar comme chef d'état-major, en remplacement de M. Mourat. On dit que ce dernier et l'amiral Miot sont brouillés et que les torts sont du côté de l'amiral. Le commandant Littré est un neveu à la mode de Bretagne de M. Littré, mon vénéré maître en philosophie positive, et mon ancien collègue à l'Assemblée nationale. Il est fort aimable homme. C'est vous dire que la connaissance a été vite faite et que nous causons souvent ensemble. Il m'a demandé, entre autres choses, si l'on avait eu soin de faire des plantations d'eucalyptus à Madagascar. Cela n'est pas probable. En conséquence, je prie mon cher Milo d'aller voir de ma part M. Colnenne, directeur des forêts, au ministère de l'agriculture, et de lui demander s'il peut faire envoyer à Madagascar des semences d'eucalyptus de diverses variétés. On les adresserait à l'amiral Miot soit directement, soit plutôt par l'intermédiaire du ministre de la marine.

Lundi 31 août.

Un agrément fort appréciable du séjour à bord du *Yarra,* c'est le bain quotidien. On le prend dans de grosses baignoires en marbre blanc. Un robinet donne l'eau de mer. Un jet de vapeur chauffe le bain en un clin d'œil. Une douche à volonté est installée au-dessus de la baignoire. Le service est très bien fait. Devinez

par qui? Par un petit Malgache, un Antanosse du
fort Dauphin, venu tout jeune à Bourbon, et
que j'ai connu domestique chez M. Després, à
Saint-Pierre. Je lui ai demandé pourquoi il
n'était pas retourné dans son pays. « Parce que
les Français ont aidé les Hovas à prendre le pays
des Antanosses et ne veulent pas permettre aux
Antanosses de chasser les Hovas. » Voilà la jolie
réputation qui nous est faite à Madagascar et
dans toute la mer des Indes. Nous passons pour
aider nos ennemis contre nos amis. Les faiblesses
de notre politique et les menées de nos méthodistes nous valent ce bon renom!

Nous avons déjeuné, puis nous avons fait un
bout de conversation hygiénique; le temps est
d'une douceur inexprimable, pas chaud, presque
frais. La mer est devenue verdâtre par le mélange de l'eau du Nil. Nous voyons à droite le
phare de Damiette, un peu plus loin un bateau
à vapeur, puis toute une innombrable flottille de
pêcheurs, tout près de la côte d'Égypte, — à
gauche, quelques vapeurs, quelques voiles et
l'immensité. Le navire ne bouge pas.

Mardi 1er septembre 1885.

Arrivés hier à Port-Saïd. Aucunes nouvelles de France, sinon que le choléra est tombé au chiffre de vingt-quatre décès à Marseille et vingt-six à Toulon. Nous avons passé la nuit en quarantaine ici, à Port-Saïd, à bord de notre navire, ancré à dix ou quinze mètres de terre. Tout le monde est en bonne santé à bord du *Yarra*. Ce matin, à six heures et demie, on nous donnera l'entrée du canal.

Nous pouvons juger de Port-Saïd comme si nous étions à terre. De ma fenêtre je vois en enfilade une des principales rues de la ville; de l'avant du navire nous voyons une autre rue de la même façon. Tout cela était très animé hier, à notre arrivée. Sur le quai, beaucoup de monde au café du Palais de Cristal. On voyait les gens assis devant de petites tables, prenant leur consommation, ni plus ni moins qu'au boulevard des Italiens, à Paris. Beaucoup de navires dans le port et des embarcations allant de ces navires à la terre.

Mardi 1er septembre.

Les matelots du *Yarra* ont dansé entre eux

2

hier. C'était un spectacle un peu étrange. Le commandant leur a fait donner de la lumière électrique, ce qui leur a fait grand plaisir et a rendu leurs danses plus animées. L'orchestre était composé d'un accordéon et d'un triangle, maniés par des matelots avec une verve réelle et presque du talent.

Les passagers ont aussi fait de la musique, et quelques-uns ont dansé. Le second et plusieurs officiers du bord savent chanter; l'un d'eux joue de la flûte. Les demoiselles E... jouent du piano. Le jeune prêtre qui chantait des cantiques à la messe de dimanche matin, et qui a une jolie voix, s'est laissé convaincre de s'essayer avec accompagnement de piano, et a fort gentiment réussi. On l'a applaudi.

Le temps était charmant; pas chaud ni froid, le ciel très pur.

Même jour.

Nous sommes entrés dans le canal à six heures trois quarts; nous avons rencontré plusieurs navires, entre autres le navire de guerre français d'*Estaing* et le navire italien *Comte de Cavour*. — Sur les lacs Menzaleh, nous avons vu des quantités d'oiseaux aquatiques. Rangés à côté

les uns des autres, en carrés épais, les jeux de
lumière de cet étrange soleil du désert leur donnait des proportions fantastiques. Trois de ces
carrés, tout blancs, nous faisaient l'effet de vastes
palais de marbre de dimensions énormes. Même
avec la lorgnette l'illusion était complète.

On navigue lentement dans le canal, et il y
fait chaud la journée. La nuit sera fraîche sans
doute. Nous serons obligés de mouiller dans une
gare, à moins de chance exceptionnelle. Demain mercredi nous serons à Suez, et dimanche
soir ou lundi matin à Aden.

Mercredi 2 septembre, 6 h. 1/2.

Nous avons passé la nuit à l'ancre, dans les
grands lacs. Ce matin; nous avons repris à cinq
heures et demie notre navigation dans le canal.
Nous serons à Suez vers les huit heures du matin.
C'est de là que partira cette lettre sur le *Mel-
bourne*, qui est arrivé hier soir à Suez et y est en
quarantaine jusqu'à demain. Admirez cette exa-
gération des quarantaines. Personne ne veut être
moins idiot que son voisin dans ce concours de
la bêtise et de la couardise humaine.

La traversée du canal ne serait pas ennuyeuse
du tout, sans les temps d'arrêt trop fréquents

causés par la rencontre d'autres navires. Excepté dans les lacs, la voie est trop étroite pour que deux navires puissent se croiser sans que l'un ou l'autre soit obligé de se mettre en gare et de s'arrêter. Cela fait perdre un temps considérable.

On ne se figure pas la vie intense qui existe dans le désert traversé par le canal de Suez. On voit passer des hommes à pied, des caravanes de chameaux, quelquefois des femmes et des enfants. Hier un pauvre diable jouait de la flûte le long de la berge, et recevait en récompense de gros morceaux de pain qu'on lui jetait du bord.

Le travail de l'homme a modifié le climat aux abords du canal. Autrefois il n'y pleuvait jamais. Depuis que la main de l'homme a conduit l'eau de la mer dans les vastes dépressions du sol transformées aujourd'hui en véritables mers intérieures, la condensation des vapeurs que l'action d'un soleil de feu enlève à ces surfaces liquides, amène des ondées fécondantes. Ces pluies doivent être parfois assez fortes, comme l'atteste le ravinement des berges du canal, et la végétation commence à s'emparer de ces sables. A Ismaïlia il y a une vraie petite forêt, très verdoyante, et l'on y voit une quantité de légumes et d'excellents fruits. Un peu d'irrigation d'eau du Nil dérivée du canal d'eau douce, aide à ces résultats.

Le canal et les lacs sont très poissonneux. Hier, nous nous amusions à voir sauter, en bandes immenses, les mulets, que la marche de notre navire troublait, à l'entrée du lac Timsah.

Tout cela est contemporain. Le génie de l'homme, le génie de la France a créé ces merveilles.

Au sortir de Port-Saïd et en divers autres endroits, notamment aux environs des gares, j'ai remarqué un grand nombre de petites barrières en roseaux, et je me demandais à quoi elles pouvaient servir. Ce sont les pièges qui arrêtent les cailles à leur passage ; on en prend ainsi des quantités, toutes vivantes. Du temps de Moïse elles tombaient toutes rôties : voilà la seule différence.

J'ai vu trois grands pélicans blancs barbotant en liberté non loin d'une petite case et d'une barque. Leurs enfants étaient auprès d'eux. Mais ces égoïstes, contrairement au *gram pélicam blam* de monseigneur Coldefy, ne se déchiraient pas le *flam* pour nourrir leur progéniture*.

---

* Monseigneur Coldefy, quand il fut nommé évêque de l'île de la Réunion, fit profession *d'une si granne amour pour cette belle calonie* qu'il 'adopta pour armoiries *l'image du gram pélicam blam qui se déchire le flam pour retirer le manger qui est dans son estomaque et le donner à ses petits n'enfams*. Monseigneur Coldefy est devenu bien vite populaire à Bourbon. Son parler original, son accent, faisaient le bonheur de ses diocésains.

Jeudi 3 septembre 1885, 5 h. après midi.

Je vous disais ces jours derniers que les bouches de Bonifacio, l'archipel de Lipari, le détroit de Messine, Port-Saïd, le canal, m'avaient moins vivement impressionné que dans mes précédents voyages. Il n'en a pas été de même de Suez. Jamais je n'ai vu un plus beau spectacle que celui de la rade de Suez, hier, mercredi 2 septembre, à onze heures du matin. En face de moi la montagne, que je compare au Salève; au fond du tableau, à droite, la ville de Suez; à gauche, la côte d'Arabie, et derrière, la mer sans rivages. Des bateaux à vapeur de toutes dimensions, quelques grands voiliers, de nombreuses embarcations avec leurs voiles multicolores; une brise légère, fraîche; une mer, ici polie comme une glace, là s'irisant et se colorant de nuances variées à l'infini par le jeu d'une lumière splendide. Non, rien ne peut rendre la beauté, la magnificence, la douceur, le calme, le charme de ce tableau. Il faudrait être un grand peintre ou un Leconte de Lisle. — Oh! que je vous ai tous regrettés! Comme nos deux artistes Titine et Lili auraient été enchantées de ce divin spectacle!

Jeudi 3 septembre.

Nous avons quitté Suez hier à midi. Nous avons fait, d'hier midi à aujourd'hui midi, trois cent trente-trois milles, soit cent onze lieues marines *, soit cent cinquante-quatre lieues terrestres de quatre kilomètres.

Le temps se maintient très beau, pas trop chaud en vérité. Par moments, nous avons eu aujourd'hui une brise agréable. A table on fait jouer le panka**, on n'a réellement pas à se plaindre. Je me rappelle certaines journées plus chaudes à Paris et à Saint-Cyr cet été.

Vendredi 4 septembre, 3 heures.

D'hier midi à aujourd'hui, nous avons parcouru trois cent vingt-quatre milles, un peu moins que dans la journée précédente. Nous sommes à peu près au milieu de la mer Rouge, et à peu près à

---

* Le mille marin est de mille huit cent cinquante-deux mètres. La lieue marine est de cinq mille cinq cent cinquante-cinq mètres.

** Sorte de grand éventail suspendu au plafond et que l'on fait mouvoir au moyen d'une cordelette et de poulies.

moitié distance de France à Bourbon. Nous
avons rencontré, vers deux heures, la *Garonne*,
grand transport de l'État, qui vient de Madagascar et qui rentre en France. On s'est salué en
passant, mais on n'a pas causé. Quelles nouvelles
porte-t-il de Madagascar? Nous le saurons peut-
être à Aden après-demain.

Samedi 5 septembre.

Nous avons fait d'hier midi à aujourd'hui midi
trois cent vingt-six milles. Il nous en reste trois
cent trente pour gagner Aden. Nous y serons
donc demain matin ou dans la journée. Mais
savez-vous ce qu'on dit? On dit que dans cette
ville anglaise et sainte ni télégraphe, ni poste, ne
seront ouverts demain dimanche, et que quand
même des dépêches seraient là, à notre adresse,
on ne nous les délivrera qu'à la condition d'attendre au lendemain. Certes, je ferai une dé-
marche en ce sens auprès de notre aimable commandant, M. Vimont, car je n'ai qu'un désir au
cœur, avoir mon télégramme.

Hélas! l'aurai-je? j'ai été tout angoissé, hier,
toute la soirée, sans savoir pourquoi. Je ne souf-
frais aucunement. Jamais je ne me suis mieux
porté, et je trouve la fameuse chaleur de la mer

Rouge fort supportable. Mais j'étais inquiet de vous. Il me semblait voir notre Flo au milieu de l'épreuve qui doit nous donner notre cinquième petit enfant. Elle me paraissait, non pas en danger, mais presque, et vous tous bien inquiets autour d'elle...

... A l'heure du déjeuner, nous avons vu passer un navire de guerre italien. On s'est salué. Vers midi, nous avons croisé le navire de guerre français l'*Éclaireur*, venant de Cochinchine et rentrant en France. On a échangé des saluts cordiaux. On s'est croisé à très petite distance.

Je cause avec vous à l'ombre, sous la tente; un très léger souffle, un peu frais, adoucit la température, qui est fort chaude dans les endroits où l'air ne circule pas.

Ma santé ne laisse rien à désirer. Au lunch, j'ai mangé une bonne tranche de melon d'eau (pastèque). C'est mon régal. A déjeuner et à dîner je mange très peu, je bois de l'eau fraîche, légèrement rougie, je ne prends ni piment ni kari, ni aucun mets excitant. Je me trouve très bien de ce régime. Je lis sans fatigue une centaine de pages par jour de la politique anti-coloniale, de Gabriel Charmes. Ce livre me fait enrager, chose bonne à la santé. Par-ci par-là on y trouve quelques aperçus judicieux aussitôt gâtés par des

accès d'anglomanie. Quel dommage de voir un
écrivain de ce talent dépenser son éloquence à
décourager la France et à exalter l'Angleterre.
L'auteur de *Greater Britain,* sir Charles Dilke,
que plusieurs de nos hommes d'État ont la bon-
homie de considérer comme un ami de la France,
doit rire de bon cœur quand il lit des livres français tels que celui-ci, et tels que le livre de
M. Saillens, avec préface de M. Frédéric Passy.

Samedi 5 septembre.

Je vous ai parlé des pièges que l'on voit au
sortir de Port-Saïd, sur les bords du canal, pour
attraper les cailles à leur passage. Il paraît que
ces pièges sont efficaces, car on a fait à Port-Saïd
ample provision de cailles grasses toutes vivantes,
et l'on nous en donne de rôties à dîner. Elles
sont très bonnes avec du riz.

Depuis avant-hier nous n'avions vu aucune
terre. En ce moment j'ai à ma gauche une petite
île qui paraît absolument aride, mais dont les
lignes sont assez belles.

Vraiment, la navigation dans les conditions
où elle se fait à bord de ces grands paquebots,
n'est pas pénible.

Dimanche 6 septembre 1885, 8 h. matin.

Nous serons à Aden vers les deux heures après midi. Ce matin, à cinq heures et demie, nous avons passé entre Cheikh-Saïd et Périm. C'est la seconde fois que je vois aussi parfaitement ces deux positions célèbres. Cheikh-Saïd a de l'eau; j'y ai encore vu de la verdure avec la lorgnette de Milo. Un monticule assez élevé, qui en fait partie, dominerait Périm. Si les Français s'y étaient établis depuis le temps, ils en auraient fait une station meilleure qu'Aden et mieux placée sur la route. Mais, hélas! nous avons eu longtemps des hommes d'État plus ménagers des intérêts de l'Angleterre que des nôtres, et cela dure encore, comme j'ai eu tant de fois à le constater dans nos affaires de Madagascar.

A bord du Yarra. *Steamer-Point Aden.*
Dimanche 6 septembre, journée.

Quel bonheur, mes bien-aimés. Votre bon télégramme vient de m'arriver « Bien. Émile. » Donc, les choses se sont bien passées, et nous avons à aimer un cinquième petit enfant, un

second petit homme. De quelles angoisses je suis
délivré, et pourtant je ne suis pas tout à fait
heureux. Il aurait fallu que je fusse près de vous.

Un autre télégramme de notre cher sénateur
Milhet-Fontarabie m'a fait bien plaisir. Milhet
m'annonce qu'il a obtenu gain de cause pour
notre colonie dont on ne bouleversera pas la
banque. Je vais lui écrire tout à l'heure. Remerciez-
le tout de même de ma part et dites-lui que je ne
manquerai pas de faire connaître à nos compatriotes quel éminent service il leur a rendu.

On ne nous a pas mis en quarantaine à Aden,
malgré le choléra qui régnait en France à notre
départ de Marseille. Le pont du navire est couvert
de Somalis et de marchands juifs. — Attendu
que c'est une grande injustice envers mon nouveau petit-fils de n'avoir pas été là pour lui souhaiter le premier la bienvenue comme à ses
aînés, je me suis considéré comme lui devant
une compensation. Je lui ai donc acheté une
petite boîte en sandal que j'ai remplie de jolies
plumes d'autruche, dont on lui fera une toque...,
la boîte à gants sera pour sa femme quand il se
mariera.

Croiriez-vous que nous sommes tombés en
pleine grève de chargeurs de charbon? Mais dans
ce pays-ci, les grèves n'ont pas l'âpreté de celles
d'Europe, et les doux Somalis et autres n'ont pas

eu de peine à se décider à faire notre chargement de charbon, malgré la grève.

Voyez ce que c'est que la quarantaine ! Aden est en continuelle communication avec les pays où règne le choléra. On ne met en quarantaine, ici, ni les navires, ni les marchandises, ni les animaux, ni les gens, et l'on ne s'en trouve pas plus mal.

Le navire prendra ici le charbon que d'ordinaire il prend à Maurice, et ce, parce qu'à Maurice il y a quarantaine. Dans un précédent voyage on lui a fait attendre son charbon dix jours sous prétexte de quarantaine. Il ne veut plus s'exposer à de pareils déboires. Voilà ce que gagne Maurice avec ses quarantaines exagérées, qui, d'ailleurs, ne le préservent d'aucune épidémie.

Vous remarquerez que j'avais été mal renseigné au sujet de l'observation de dimanche à Aden. Rien n'y chôme, pas plus la poste et le télégraphe que le reste. On travaille bel et bien toute la journée, et même la nuit. Les Anglais sont gens pratiques.

Chez M. Siméon, à l'Agence des Messageries maritimes.

Dimanche 6 septembre, 9 h. 1/2 soir.

L'aimable agent des Messageries maritimes,

M. Siméon, nous a invités à dîner chez lui, le
commandant Littré, le commandant Vimont et
moi. Dîner exquis, hospitalité cordiale. — M. Siméon nous a offert des chambres pour nous
épargner une nuit étouffante, agrémentée de
poussière de charbon et de tapage infernal à
bord. M. Vimont n'a pas accepté parce qu'il ne
peut pas quitter de nuit son navire; M. Littré
non plus, parce qu'il avait laissé à bord des
lettres commencées. Moi, je n'avais aucune raison de refuser. Donc, j'ai cédé aux obligeantes
instances de M. Siméon, et, sur le conseil de
MM. Vimont et Littré qui voyaient bien que j'en
avais grande envie, je suis resté à terre, répétant
en moi-même avec mon bon ami Rabelais : « Il
n'est rien tant excellent que le noble plancher
des vaches, et trois et quatre fois heureux ceux
que la Parque a filés planteurs de choux, car ils
ont, à terre, un pied, et l'autre n'en est pas
loin. »

Donc, me voilà installé dans une chambre
immense, avec un grand lit immense tout au
milieu, où je vais me mettre tout à l'heure. De
mes fenêtres ouvertes, qui donnent sur des gale-
ries régnant tout autour de la maison, je vois à
mes pieds le port, la rade, les montagnes dans le
lointain, et, en me retournant, la ville de Steamer-
Point et les superbes installations des troupes

anglaises. Ah! que nos rivaux doivent prendre
en pitié nos politiciens qui, pour mesurer la valeur d'une colonie, demandent si elle rend en
impôts plus qu'elle ne coûte. Ce que les Anglais
dépensent à Aden est fabuleux, et Aden ne leur
donne pas un penny. Mais c'est une admirable
position stratégique, et les gens de tous pays
qui passent ici ne peuvent s'empêcher d'admirer
le génie d'un peuple qui a su créer un pareil
instrument de puissance sur le globe. La France
a Cheikh-Saïd, elle a Obock, elle a Madagascar,
mais nos politiciens ne savent et ne veulent pas
tirer parti de ces positions de premier ordre *.

Lundi 7 septembre, 8 h. matin.

Un télégramme arrivé ce matin et qui a été
communiqué à M. Siméon pendant que j'étais
chez lui, annonce que les Espagnols ont envoyé
un navire de guerre aux Carolines; — que ce navire a trouvé là un navire prussien qui avait pris
les devants; — que M. de Bismarck a informé le
gouvernement anglais qu'il acceptait l'arbitrage,
— et enfin que l'ambassade prussienne a été attaquée et le drapeau prussien déchiré à Madrid. Je

* Pour plus de détails sur Aden, voir *Premier voyage*, à la fin du
volume.

reconnais bien là le vaillant caractère espagnol
qui ne badine pas avec la dignité nationale outra-
gée. Mieux eût valu pourtant qu'il se fût contenu,
afin de ne mettre contre lui pas même l'ombre
d'une apparence d'un tort quelconque. Espérons
que ce conflit s'arrangera à la satisfaction de
l'Espagne, et qu'il n'en sortira pas une guerre où
notre France pourrait être entraînée dans un moment inopportun.

En mer, à bord du Yarra.

Samedi 12 septembre 1885, 9 h. 1/2 matin.

Nous avons passé la ligne équinoxiale hier;
nous sommes dans l'hémisphère sud; tantôt on
arrivera aux Séchelles. Le commandant m'a fait
avertir que l'on était en vue de l'île aux Vaches.
Vite, je me suis rasé, habillé, et je suis allé sur
la passerelle juste au moment où l'on était le plus
près de ladite île, que les Anglais appellent île
aux Oiseaux et les Français île aux Vaches. Je
suppose qu'il s'agit de vaches marines. Ce petit
coin de terre, que l'homme n'a pas encore occupé,
m'a paru plus vert qu'à mon précédent voyage.
On y voit quelques cocotiers, des broussailles
verdoyantes et une grande plage de sable blanc.
Les oiseaux de mer y pullulent. Avec le temps,

la fertilité y viendra et l'homme s'y établira —
à moins que dans quelque commotion elle ne
disparaisse sous les flots..... Je vous écris de la
passerelle. On voit dans le lointain l'île Aride,
Praslin, Mahé, Silhouette...

En mer. Lundi 14 septembre, 11 h. 1/2 soir.

Mes chéries et chéris, je rentre du théâtre.
Oui! du théâtre!... en pleine mer!... Au surplus,
journée complète. — Ce matin, messe; dans la
journée, descente du Père La Ligne et procession
d'icelui, suivi de son cortège; puis baptême des
passagers, matelots, soldats et officiers qui
n'avaient pas encore passé l'Équateur. — Puis
enfin, ce soir, grande représentation donnée par
les comédiens extraordinaires du Père La Ligne,
dirigés par l'aimable docteur Cauvin. Comédie,
farces, ours Martin, jongleur chinois, panto-
mime, etc., etc., le tout parfaitement réussi.
Après le spectacle, lunch sur le pont, à l'arrière.
— Trois de MM. les curés ont assisté au spectacle comme des personnes naturelles. Quelle
vie de dissipation cela nous a fait, en ce jour
d'aujourd'hui! — Les mêmes drapeaux qui ont
orné l'autel pour la cérémonie religieuse du matin, ont servi de décor au théâtre du soir.—Entre

3.

deux, la grande mascarade du Père La Ligne et
le baptême nautique, quelque peu païen.

Par moments, ces réjouissances m'ont distrait
et même amusé. Le docteur Cauvin s'est donné
beaucoup de mal pour arranger et mener à bien
cette fête, et les matelots improvisés acteurs ont
montré beaucoup d'intelligence et, par endroits,
du talent. Après le spectacle, on a fait une quête
qui a produit plus de cent francs pour la caisse
de secours aux familles des marins naufragés.

... Ceux d'entre vous qui sont forts en géo-
graphie se demandent comment il se fait que le
baptême de la ligne ait été célébré après notre
passage aux Séchelles. Voici : on a passé la
ligne vendredi dernier, mauvais jour. La cérémonie a donc été remise au lendemain samedi.
Mais ce samedi-là nous sommes arrivés aux
Séchelles; pas moyen, avec tout le travail de
l'atterrissage et de l'appareillage, de trouver du
temps de reste. Alors la cérémonie a été remise
à hier dimanche. Mais on s'est aperçu qu'hier
était un 13, mauvais jour. Alors on a déclaré
que le calendrier se trompait, on a admis le 14
comme la date vraie de notre entrée dans l'hémisphère sud, et le mauvais sort a été conjuré.

L'équipage est tout enchanté des amusements
qui lui ont été prodigués hier, du matin au soir,

et qui ne laissent pas d'avoir été, de plus, agrémentés. de quelque monnaie donnée par les passagers.

Même jour.

Je vous confirme ma lettre n° 9, que je vous ai expédiée des Séchelles, où nous avons relâché avant-hier samedi. Quel charmant groupe d'îles, françaises autrefois, aujourd'hui dominées par l'Angleterre! On nous y a mis en quarantaine*, de sorte que personne n'a pu descendre à terre. Le *Yarra* s'est borné à déposer ses dépêches et les colis pour les Séchelles dans des chalands et des canots où on est venu les prendre, sans avoir contact avec nous autres, pauvres pestiférés. Quelques habitants des Séchelles, hommes d'une bravoure excessive, ont osé s'embarquer avec nous pour se rendre à Maurice. Puis nous nous sommes remis en route.

Parmi ces braves passagers séchellois, il y en

---

* Beautés de la logique sanitaire : une épidémie existe à Marseille et à Toulon. Des trains de chemins de fer partent plusieurs fois par jour pour toute la France, bondés de voyageurs et de marchandises. Pas de quarantaine sur le parcours, ni à l'arrivée des trains. — Un bateau part de Marseille pour Toulon, quarantaine à Toulon; — il part de Toulon pour Marseille, quarantaine à Marseille. Il part pour l'île Bourbon : quarantaine à Port-Saïd et à Suez; pas de quarantaine à Aden; quarantaine aux Séchelles; — quarantaine à Bourbon, si la traversée a duré moins de vingt jours pleins.

a un que je connaissais un peu, pour l'avoir vu à Paris, quand j'étais ministre de l'agriculture. Il était venu à un de nos bals et avait gardé de nous bon souvenir. A son arrivée à bord, il est venu me remettre une belle grappe de cocos de la part de notre ami Cyriaque Hoarau, établi à Mahé depuis quelque temps.

M. Derrien, c'est le nom de cet habitant des Séchelles, est créole de Maurice. Il m'a dit que tout le monde compte sur moi, dans nos parages, pour que la France ne lâche pas Madagascar. Il m'a donné des détails intéressants sur l'état des esprits à Maurice et sur la situation de la colonie. « Maurice, a-t-il ajouté, est devenue une île indienne; bientôt le séjour n'en sera plus possible aux gens d'origine française. L'immigration indienne a fait passer le pays aux mains des Anglo-Indiens. Nous voulons tous aller à Madagascar, au fur et à mesure que la vie à Maurice devient de plus en plus impossible pour nous. Nous émigrerons en masse, aussitôt que la France nous le permettra. »

A Bourbon

Septembre-octobre 1885

A Bourbon

Saint-Denis (île Bourbon).
Mercredi 16 septembre 1885, 11 h. soir.

ME voici à Saint-Denis, chez notre cousin Le Cocq du Tertre. J'ai débarqué ce matin à six heures. Pas de quarantaine. Dieu! que ce pays est beau, et que Saint-Denis est une charmante ville! Et quels bons parents, quels bons amis!. . . . .
. . . .

La traversée, de Marseille à Bourbon, a duré vingt jours. Nous aurions pu aisément gagner au moins deux jours, le *Yarra* étant bon marcheur. Mais le commandant Vimont, homme avisé, avait ralenti la marche du paquebot, afin de ne jeter l'ancre en rade de Saint-Denis qu'à l'expiration du vingtième jour. Je pestais de ces lenteurs. Mais comme il avait raison, M. Vimont! Le choléra régnant à Marseille lors de notre départ de France, il fallait juste vingt fois vingt-quatre heures de navigation pour que tous les microbes qui nous infestaient fussent crevés. Ainsi l'a décidé le règlement sanitaire international. De sorte que mon excellent ami et très distingué confrère Auguste Vinson a eu le plaisir (fort partagé par tous les passagers) de n'être pas obligé de nous mettre en quarantaine. Il nous a donné tout de suite la libre pratique, et m'a pris avec lui pour me mener à terre dans son embarcation.

J'ai fait à pied le trajet du Barachois à la maison de du Tertre. J'ai revu Saint-Denis avec enthousiasme. La délicieuse originalité de notre capitale, le charme pénétrant de ce site incomparable ne m'avaient jamais aussi vivement impressionné. Et combien je suis touché de l'affectueux accueil qui m'est fait. Céline et du Tertre m'ont donné un appartement dans leur maison, où toute leur jeune famille est réunie. Mme Auguste Lecocq habite avec eux.

Samedi 19 septembre.

Quelle merveille que le Brûlé de Saint-Denis !
Quelle vue splendide, de là-haut ! Quel panorama ! Quel climat ! Nous sommes partis de la
ville à six heures du matin ; à huit heures, nous
étions arrivés chez M. Vally. Distance parcourue, dix kilomètres ; altitude, huit cents mètres.
Vous voyez que la route doit être en forte pente,
d'un bout à l'autre. On n'y va guère en voiture.
Le moyen de locomotion préféré est le cheval
pour les messieurs, le fauteuil à porteurs pour les
dames. On songe à établir un chemin de fer fu-
niculaire. Ce sera un bienfait. Beaucoup de personnes de Saint-Denis ont ici leur villégiature ou
viennent simplement passer le dimanche, au
frais.

M. et Mme Vally, qui m'avaient invité à déjeuner, reçoivent excellemment. Leur campagne
du Brûlé est un bijou de verdure et de fleurs.

Vous savez qu'à Bourbon, on appelle *Brûlé*
certaines localités où l'action des feux souter-
rains a laissé les marques les plus manifestes,
dans notre île, tout entière volcanique. Ce sont
des couches de laves, désagrégées par le temps
et couvertes d'un humus plus ou moins profond

et d'une végétation plus ou moins intense, selon l'âge du Brûlé. Celui de Saint-Denis domine la ville à une grande hauteur. La terre y est fertile, le climat très frais l'été, réellement froid pendant les mois d'hiver, de mai à fin d'août. Tous les végétaux d'Europe y sont mêlés avec la flore des hautes régions de notre île.

Saint-Pierre (île Bourbon).

Mardi 22 septembre 1885, 3 h. matin.

Je suis arrivé à Saint-Pierre avant-hier dimanche, à onze heures et demie, étant parti de Saint-Denis par le chemin de fer à six heures vingt-cinq du matin. Quel progrès depuis mon dernier voyage, il y a dix ans! Le chemin de fer n'existait pas alors. J'ai été émerveillé de la route. De Saint-Denis à la Possession, sous le cap Bernard, il y a un tunnel de onze kilomètres. Sur le reste du parcours, les travaux d'art sont nombreux. Le passage de nos profondes ravines et de nos torrents a exigé des ponts gigantesques. Toute cette œuvre fait le plus grand honneur aux éminents ingénieurs M. Lavalley et M. Molinos et à leur très distingué représentant dans la colonie, M. Blondel.

Dureau de Vaulcomte est venu avec moi à Saint-Pierre. A toutes les stations, nous avons reçu bon accueil. Les maires Chauvet, Célières, Émile Laisné, sont venus nous serrer la main à la gare. Il est convenu que nous irons dans chaque commune, où de belles réceptions nous sont préparées.

Celle qui nous a été faite à l'entrée de Saint-Pierre ne peut pas se décrire. Il faudrait une longue lettre pour vous dire toutes mes émotions, ma joie de retrouver mes amis, mes compatriotes Saint-Pierrois, ma gratitude envers eux. La population, le maire en tête, est venue nous prendre à la gare; au premier rang, mes parents et mes plus vieux amis. Avec quel bonheur je les ai embrassés! M. Babet nous a souhaité la bienvenue dans un discours fort bien tourné et plein de tact. De la gare à la ville, il y a une belle plantation de filaos, qui n'existait pas il y a dix ans. On nous a fait passer sous deux arcs de triomphe, un pour Dureau, un pour moi, l'un et l'autre construits au moyen de branches de palmier artistement groupées, et ornées d'inscriptions patriotiques et des trois couleurs nationales en fleurs bleues, blanches et rouges. Arrivés au port, j'ai vu bord à quai un beau navire de Nantes, jaugeant huit cents tonneaux et qui est

entré avec un chargement de houille. Tout cela
est du nouveau, et tout cela est dû à l'administration de M. Babet. Autrefois les petites embarcations pouvaient seules entrer dans le bassin. —
De là, nous sommes allés chez M. Babet, en traversant les places de la Gendarmerie et de la
Mairie, transformées en squares charmants. A
midi et demi, superbe déjeuner, réunissant tout
le conseil municipal et beaucoup d'amis, entre
autres Just Hoareau, Eugène Lacaze, Corneille
Hoarau, Moïse Bègues. La pièce principale,
sans détriment de l'élégante profusion des
repas créoles, était un cerf rôti tout entier
comme dans les festins homériques, dressé tout
debout sur ses quatre pattes au milieu de la
table, et garni de roses. Dans la journée, réceptions, entre autres une délégation de la
Société ouvrière, fondée par Pierre Parent et par
moi en 1870. Puis, promenade en ville. Embarquement au quai de Mahy pour parcourir le port
et visiter les navires. On a eu la gracieuseté de me
faire passer par la rue François-de-Mahy, où est
ma modeste maison. Savez-vous qu'il y a de quoi
être fier, que sur la délibération du conseil municipal un décret du président de la République,
contresigné par le ministre de la marine et des
colonies, ait donné mon nom à l'une des plus
belles rues de la ville!

Après dîner, illumination de la mairie, des squares et du port. Les navires, avec leurs mâts et leurs vergues chargés de lanternes vénitiennes et de verres de couleur, étaient d'un effet superbe. Une retraite aux flambeaux, circulant sur les jetées et les barrages, avait quelque chose de magique. La foule était immense, pleine de cordialité et de franche gaieté, sans tapage, sans aucun désordre. La fête s'est terminée par un brillant bouquet de fusées. Je suis rentré bien content chez mon vieil ami, Gabriel Potier, qui me donne l'hospitalité.

Notre ville natale a beaucoup gagné à l'administration de M. Babet. Elle est mieux entretenue qu'autrefois. En outre des embellissements dont je vous ai déjà parlé, elle a un beau marché, vaste rotonde couverte, sur colonnes en fer, très aérée, garnie de tables de marbre blanc d'une propreté irréprochable et que pourrait nous envier plus d'une grande ville de la Métropole. Mais ce qu'on ne trouvera nulle part en Europe, c'est la supériorité, la variété de nos poissons aux riches couleurs, aux formes élégantes et à la saveur exquise. Même pour des visiteurs que la gourmandise n'entraîne pas, ce marché est amusant à visiter.

L'aspect de la ville est toujours très ouvert et

riant. Avec ses ruisseaux d'eau liquide courant
aux deux bords de chaque rue et qui leur donnent
tant de gaieté, ses jolies maisons, ses palmiers,
ses grands bois-noirs, ses flamboyants, ses lianes
multicolores, son riche amphithéâtre de terres
cultivées, l'incomparable panorama de ses pitons
de la plaine des Cafres et de ses montagnes de
l'Entre-Deux que surmonte majestueusement la
masse dentelée du Piton des Neiges * et des Salazes;
— Saint-Pierre, avec son rivage battu des flots,
son récif où se heurte la vague de l'Océan polaire,
ses brises du sud-est qu'aucune terre n'a reçues
avant elle, Saint-Pierre est un des sites les plus
caractérisés du globe. Le caractère de ses habitants s'en ressent. La population est d'une rare
énergie, très laborieuse. Rien n'égale la hardiesse
de nos inscrits maritimes, de nos pêcheurs saint-
pierrois dont mon vieux camarade, Moïse Bègues,
est le type. Moïse est un sauveur d'hommes. Il porte
sans forfanterie des quantités de médailles et la
croix de la Légion d'Honneur. Il a fait plus de
cent sauvetages, et n'a pas plus peur d'un incendie
sur terre que des requins et de la tempête en mer.

* * * * * * * * * * * *

* Ainsi nommé parce qu'il se couvre quelquefois de neige en
hiver. Notre saison froide est de mai à fin d'août. On trouve de la
glace en toute saison sur nos plus hauts sommets,

Partis de Saint-Louis, chez Émile Laisné, le
dimanche matin, 27 septembre, nous sommes
montés ce même jour à Cilaos, où nous sommes
arrivés à trois heures et demie, après avoir déjeuné chez Saturnin Hoarau, à l'ancienne îlette
Deshayes, et après avoir été arrêtés je ne sais
combien de fois en chemin pour causer avec les
habitants venus à notre rencontre. J'ai employé le
reste de la journée à visiter les pépinières d'aca-
cias, de tamarins des hauts et de chênes, en compagnie de l'adjoint spécial, M. Noël, et de l'agent
forestier. Le plateau se reboise superbement. Vous
ne le reconnaîtriez plus. Les anciennes mares
sont devenues de petits lacs d'eau limpide, peuplés de poules d'eau. On en voit des quantités.

Il y a bien du changement à Cilaos *. D'abord,
le reboisement, qui sauvera le plateau en train de
s'effondrer dans les ravins dont la destruction des
anciennes forêts avait amené la formation, comme
il y en a tant en France dans les régions alpes-
tres. Le service forestier, ici comme en France,
rend de bien grands services au pays.

La route est à peu près telle que vous l'avez
plus d'une fois parcourue, un chef-d'œuvre de
hardiesse, un grandiose tour de force dans le
cirque grandiose de la rivière Saint-Étienne.

* Voir *Premier voyage*, à la fin du volume.

Mais quelle n'a pas été ma déception en arrivant à la cascade du bras de Benjoin! Elle n'existe pour ainsi dire plus. Ce n'est plus ce puissant cours d'eau tombant d'une hauteur énorme dans un gouffre vertigineux. Des éboulis gigantesques ont comblé le bassin, et l'antique cascade n'est plus qu'un *rapide,* encore farouche et bouillonnant, mais bien humble auprès du diabolique tourbillon d'autrefois. Hélas! rien n'échappe à l'injure du temps et vous non plus, vous,

Rochers muets, vous que le temps épargne,

hélas! non! le poète a menti, vous n'échappez pas à la loi commune. Le temps ne vous épargne pas. Vous aussi, vous êtes éphémères!...

30 septembre. Saint-Paul.

Après Cilaos, nous voici à Saint-Paul. Quel contraste! à Cilaos, climat d'Europe. Ici, climat tropical par excellence. Saint-Paul est le type de la ville coloniale, avec son atmosphère tranquille, sa luxuriante végétation, son ciel pur, sa lumière éclatante. C'est la patrie de la plupart de nos poètes, Parny, Dayot, Auguste Lacaussade, Leconte de Lisle*...

* Bertin, Cotteret, Léon Dierx, Louis Brunet, François Saint-Amand, Émile Bellier sont de la partie du Vent; Champon est de

...Chez M. Vergoz, après déjeuner, j'ai assisté à un drôle de spectacle. Les enfants avaient pris un caméléon. Ils lui ont mis une cigarette au bec, et le caméléon a fumé jusqu'à ce que mort s'ensuive. On m'avait raconté cette singularité à table et je ne voulais pas y croire; on me l'a fait voir. Rien d'étrange comme cette pauvre vilaine petite bête fumant très gravement sa cigarette et finissant par en crever. N'est-ce pas l'image de bien des hommes? — Au surplus, le caméléon d'ici n'est pas le vrai caméléon : c'est un assez gros lézard, fort laid, d'importation récente (on ne sait pas qui nous en a dotés) et qui a dévoré tous les autres lézards, ses devanciers dans la colonie... Nos jolis lézards verts tachetés de rouge ont absolument disparu. Le caméléon dont nous jouissons à leur place est d'ailleurs une bête fort gourmande. Il dévore les petits poulets, les œufs, les oiseaux. Bref, on le charge de bien des mé-

---

Saint-Philippe. Saint-Pierre n'a pas produit de poètes, l'esprit y est plutôt porté vers les sciences : Lislet-Geoffroy est de Saint-Pierre. Édouard Hervé, prosateur, est de Saint-Denis. M. Édouard Hervé et M. Leconte de Lisle ont été nommés le même jour membres de l'Académie française.

faits. Aussi, dès que l'un d'eux est pris, vite une cigarette et la mort!

. . . .

... J'allais oublier de vous dire mon appréciation sur le port de la Pointe des Galets. C'est un superbe, un gigantesque travail, admirablement conduit. Ce sera un beau et excellent port, muni de tout l'outillage moderne. De plus, le site, qu'on m'avait dit affreux, est fort beau. Un canal de dérivation y amène l'eau de la Rivière des Galets. Un jour il y aura là une belle et florissante cité; en revanche, Saint-Denis et Saint-Paul risquent bien de perdre un peu de leur importance.

Je ne crois pas que le port des Galets puisse empêcher celui de Saint-Pierre de vivre et de faire ses affaires. Le port de Saint-Pierre est plus petit, mais je le trouve plus sûr; je crois que les navires y sont plus tranquilles. Tous deux répondent à des besoins réels et tous deux ont leur utilité, leur rôle; le port de la Pointe pour les deux tiers, celui de Saint-Pierre pour un tiers de la colonie. Tous deux constituent un grand bienfait. Ni l'un ni l'autre, au surplus, ne peuvent suppléer aux grands établissements maritimes et militaires que la France aura à Madagascar.

Chez M. Camille de Guigné, aux Orangers.

Vendredi 2 octobre 1885, 10 h. soir.

Nous arrivons de Sainte-Rose, Dureau et moi. Ce n'est pas une petite affaire que d'aller dans ce quartier reculé. Le pont volant de la Rivière de l'Est venait d'être emporté par une crue, de sorte qu'il nous a fallu quitter notre voiture et en faire chercher une autre sur la rive opposée. Nous avons passé au moyen de la très jolie, très hardie, très élégante, très légère, très vacillante passerelle, suspendue à une hauteur énorme d'un bord à l'autre du rempart qui encaisse le lit de la rivière, extrêmement large en cet endroit. Ceux qui ont le vertige sont bien malheureux d'être obligés de faire ce trajet périlleux. De si haut, le spectacle de la rivière bouillonnante et fougueuse, la vue des remparts, la sombre verdure des bois, la sauvage beauté des montagnes, forment un ensemble qui vous émeut profondément.

Visite le 3 à la féculerie de manioc du Colosse, chose nouvelle dans le pays. Cette industrie est très intéressante et mérite de réussir.

7 octobre.

Le 5, banquet au village du Petit-Sable (Salazie). On nous y a donné de la chite et du poisson plat, ces deux poissons exquis de nos torrents, devenus presque introuvables. Pour les avoir, on a fait sauter une cartouche de dynamite dans un bassin de la rivière du Mât. J'ai beaucoup regretté ce procédé, ruineux pour le repeuplement de nos cours d'eaux. On m'a assuré qu'on ne l'avait employé que par exception, afin de nous offrir un mets digne de nous.

Salazie est toujours splendide, moins beau que Cilaos pourtant.

Vendredi 9 octobre.

... Si nous sommes élus au premier tour, comme nos amis nous en donnent l'assurance, nous partirons jeudi prochain pour Madagascar. J'ai reçu aujourd'hui une excellente lettre de l'amiral Miot, que m'a remise le commandant de la *Seudre*, bâtiment de guerre. La *Seudre* arrive de Tamatave, portant des malades; elle rapportera de Bourbon des approvisionnements pour le corps expéditionnaire. L'amiral m'invite à venir le plus tôt possible.

Saint-Pierre.

Dimanche 11 octobre 1885, 4 h. matin.

C'est aujourd'hui le grand jour. Comme vous penserez à moi, et combien mon âme est avec vous ! Quand je considère les services que Dureau et moi nous avons rendus à la colonie, il me semble que notre réélection ne doit pas faire de doute dès le premier tour de scrutin, c'est-à-dire aujourd'hui même ; et quand je vois lès chaudes sympathies qui nous entourent, quand je me rapporte aux manifestations dont nous avons été l'objet, je pourrais être sûr du résultat. Mais qui peut calculer l'effet des menées souterraines de nos adversaires, secondées par l'action incessante du clergé et l'argent de l'oligarchie financière, qui nous veut mal de mort ? Donc j'attends le résultat du scrutin, en philosophe que rien nè peut surprendre.

Lundi 12 octobre, 2 h. matin.

... Me voici de nouveau député de notre chère île Bourbon. Je rentre à l'instant de l'hôtel de ville. D'après les chiffres connus, Dureau et moi nous sommes réélus par plus de neuf mille voix.

Malgré toutes sortes d'intrigues de la part du clergé et de l'oligarchie locale, le dévouement de nos amis et le bon sens public ont triomphé. Nos adversaires n'ont pas réussi à égarer nos bonnes et saines populations. Certes, elles peuvent compter sur un absolu dévouement de ma part. Je leur appartiens plus que jamais par ce contrat qui me fait pour la cinquième fois leur représentant dans le Parlement national. Je leur serai fidèle.

Mercredi 14.

Je ne peux pas vous raconter tous les incidents de la journée électorale. Il y en a eu de bien touchants. Je les réserve pour nos causeries au coin du feu. Mais vous ne me pardonneriez pas de ne pas vous dire tout de suite ce que mon collègue Dureau de Vaulcomte a fait.

Il apprend qu'à Sainte-Suzanne, un de ses parents distribue des bulletins où mon nom est biffé et remplacé sur la liste par le nom de mon concurrent, M. Paul de Villèle. Sans rien dire, Dureau s'installe à la porte de la mairie de sa commune, le Bras-Panon, et là il remet aux électeurs des bulletins où lui-même a biffé son propre nom, pour n'y laisser que le mien et contrebalancer la manœuvre de mon adversaire. C'est ainsi que j'ai eu au Bras-Panon cent voix de plus que Dureau. Nos amis communs l'ont arrêté quand ils se sont aperçus de ce qu'il faisait, sans cela j'aurais eu toutes les voix du Bras-Panon, et lui pas une seule. J'ai pleuré quand j'ai appris cet acte chevaleresque, mais j'ai grondé Dureau en l'embrassant, car il aurait pu faire manquer son élection au premier tour. On ne voit pas souvent un tel caractère !

Jeudi 15.

La journée d'hier s'est terminée au théâtre. La troupe dramatique a voulu prendre part aux manifestations populaires en donnant une grande représentation, sous le patronage du gouverneur, et à laquelle nous avons été invités. On a arrangé pour Dureau et pour moi une loge de douze places ornée de drapeaux tricolores. Le spectacle, composé de morceaux des plus belles pièces, où le sentiment de patrie est glorifié. On a terminé par la *Marseillaise* avec un décor vraiment beau et émouvant. Au fond, dans une gloire, la République ; au devant, Rouget de Lisle chantant pour la première fois la *Marseillaise* à Strasbourg.

C'était superbe. On a fait une quête pour les blessés de Madagascar.

Saint-Denis.

Vendredi 16 octobre 1885, 6 h. matin.

Je pars ce soir pour Madagascar avec Dureau, sur le *Tage,* commandant Girard. M. Girard est un Saint-Pierrois. Il était second de l'*Eugène et Marie* lorsque nous avions décidé de rentrer en France autrefois. Un terrible cyclone, qui a chassé l'*Eugène et Marie* de la rade de Saint-Pierre, a décidé de nos destinées dans un autre sens. Le navire n'est revenu que trois mois après, désemparé, et a été condamné à Maurice. On m'a rendu l'argent que j'avais payé pour notre passage. Nous avons remeublé notre maison, nous nous sommes fixés à Bourbon sans esprit de retour en Europe; j'ai pris part aux affaires de la colonie; plus tard, en 1870, j'ai été nommé député. Vous savez tout cela. Mais n'est-ce pas une chose singulière que ce soit l'ancien second, aujourd'hui commandant Girard, qui me conduise à Madagascar. Et puis (ceci est pour Milo), n'est-ce pas curieux que mon départ pour Madagascar tombe un *vendredi* et que la plupart des grandes circonstances de ma vie soient du vendredi? Il semblerait que le nombre treize et le vendredi, que tant de gens redoutent, soient pour moi un jour et un nombre heureux.

.   .   .   .

Souvenir de Saint-Pierre (île Bourbon).

C'était un soir d'octobre, à l'heure où les brises de la mer sont complètement apaisées. Octobre, c'est la fin de notre doux hiver, l'approche de notre été si tempéré; c'est le moment le plus charmant de l'année sous notre climat. La température était délicieuse. Des groupes de promeneurs, se délassant de la fatigue et de l'agitation du jour, animaient la chaussée ordinairement déserte des jetées. La lune n'était pas levée, mais la lumière sidérale éclairait le ciel. La nuit était diaphane. La silhouette grandiose et pure des montagnes bornant l'horizon au Nord, se dessinait nettement dans l'air limpide. A l'Est, une lueur intense indiquait la place du volcan. Dans l'Ouest et vers le Sud, la vue s'étendait sur la mer et se perdait dans l'espace illimité, peuplé d'astres brillants. En dehors des jetées, des pêcheurs, le sac au dos, le flambeau de bois d'olivier sur l'épaule, la foëne à la main, parcouraient à pied et fouillaient du regard l'eau transparente et peu profonde du récif richement pourvu de mollusques et de crustacés. Et, selon la distance où l'on se trouvait d'eux, on voyait leurs feux scintiller comme des étoiles, ou projeter à la surface de la mer de longues traînées lumineuses.

Tout à côté, sur le bord du récif, les lames du large roulaient et déroulaient leurs volutes interminées et venaient, avec un murmure à peine perceptible, déferler mollement en une capricieuse écharpe d'écume blanche. Quelques chaloupes attardées le long des navires mouillés en rade rentraient à force de rames, tandis que les grands bateaux de côte dépliaient leurs voiles et s'apprêtaient à sortir du port.

Dans les campagnes, au loin, s'éteignaient les cheminées des sucreries. La ville semblait endormie sous ses bosquets immobiles. Par instants, impressionné par quelque effluve électrique ou par quelque vague et fraîche bouffée du vent de terre dont les premiers souffles encore incertains et intermittents commençaient à se faire sentir, le haut feuillage des palmiers et des cocotiers se prenait çà et là d'un tremblement subit, d'un frisson mystérieux.

A Madagascar

Octobre-novembre 1885

A Madagascar

Tamatave, Hôtel d'Europe.
Dimanche 18 octobre 1885, 9 h. 1/4 soir.

ENFIN! nous l'avons abordée cette terre de Madagascar, objet de nos patriotiques convoitises! terre française que les rivaux de la France ont essayé de nous ravir et que la fortune de notre patrie a sauvée, malgré les intrigues de nos ennemis et malgré la sottise de quelques mauvais Français.

Comme mon cœur a bondi dans ma poitrine en la découvrant ce matin, au loin, et en y mettant pied à terre, cette après-midi!

Partis de Saint-Denis vendredi dernier à sept

heures du soir, nous avons jeté l'ancre ce matin dimanche à sept heures, dans la magnifique rade de Tamatave.

Quel ravissant aspect que celui de *ce tas de sable**, vu de la mer! C'est un vaste bouquet de verdure émergé des flots et parsemé de maisons charmantes, dans le genre de celles de Saint-Denis et de Saint-Pierre. Les cocotiers, les palmiers, les manguiers, les bananiers, les badamiers, les orangers, les citronniers, les flamboyants, les bois-noirs y atteignent des proportions colossales.

Au fur et à mesure que le navire approchait du rivage nous ne pouvions détacher nos yeux de ce spectacle enchanteur.

Aussitôt mouillés à Tamatave, un canot de la santé arrivait à notre bord. Le médecin de la *Naïade* m'a tout de suite offert l'hospitalité à bord de la frégate amirale, de la part de l'amiral Miot. Un instant après, le commandant Littré, dont je vous ai si souvent parlé et qui est toujours le meilleur des hommes, est venu me faire visite et m'a renouvelé l'invitation de l'amiral pour Dureau de Vaulcomte et pour moi.

Nous nous sommes tout de suite rendus à bord de la *Naïade*, superbe frégate de vingt gros canons. L'amiral nous a reçus au haut de l'esca-

---

* Expression mise en vogue par les détracteurs de Madagascar.

lier, les matelots faisant la haie. Il nous a présenté son état-major. Il nous avait envoyé chercher dans sa baleinière, commandée par un officier et remorquée par une chaloupe à vapeur. Il nous a fait le plus cordial accueil. Après une longue conversation sur le pied de la plus parfaite intimité, on a annoncé que l'aumônier était prêt à dire la messe. Nous y avons accompagné l'amiral; tout l'état-major et l'équipage y assistaient. On y a fait de bonne musique. L'officiant était un jeune prêtre avec lequel j'ai fait la traversée de France à Bourbon, sur le *Yarra*.

Quand l'équipage a entonné le *Domine salvam fac rempublicam*, je n'ai pas pu maîtriser mon émotion et quelques larmes l'ont trahie au dehors.

C'était la France elle-même, la Patrie qui m'apparaissait!

A quatre heures et demie, nous débarquons au bout d'un petit appontement enraciné à la plage. Nous avons serré la main aux volontaires et aux Français venus au-devant de nous; nous avons causé encore un peu avec l'amiral sous les arbres d'une splendide villa qui a appartenu au-

trefois à Juliette Fiche*, splendide par la végétation, car la maison est fort simple et d'apparence
plus que modeste. Mais, quels arbres! quelle
végétation puissante! On m'avait recommandé
de ne pas faire visite à la princesse Juliette Fiche
et de m'en méfier. La pauvre Juliette est chez les
Hovas, gardée à vue. Il n'y a donc pas possibi-
lité de l'approcher. Le conseil de guerre du
corps expéditionnaire est installé dans son ancienne villa.

... Dureau de Vaulcomte, Richard et moi nous
avons profité du clair de lune pour faire un tour
de promenade sur la plage. Puis, tout en marchant et causant, nous avons parcouru une partie
de la ville malgache et de la ville européenne.
Rien de plus charmant, de plus tranquille, malgré
l'ennemi qui est à cinq ou six kilomètres. A
chaque *barreau***, à chaque maison, et aux
branches de beaucoup d'arbres, sont suspendues
de jolies petites lanternes qui donnent à toutes
ces cases perdues dans un fouillis de verdure, un
aspect vraiment féerique.

* * * * * * * * * * * * *

* Princesse indigène, descendante des derniers chefs indépendants
de Tamatave.

** *Barreau,* terme usité à Bourbon et dans les pays français de la
mer des Indes, pour dire *le portail, l'entrée.*

Nous avons fait visite, en compagnie de l'amiral, à un consul de France, M. Patrimonio, de passage à Madagascar, d'où il se rendra dans quelques jours à Zanzibar. D'où vient-il, pour que Tamatave soit pour lui sur le chemin de Zanzibar? Que fera-t-il là-bas? et que fait-il ici?

Lundi 19 octobre, 5 h. 3/4 matin.

Je rentre d'une charmante promenade que j'ai faite seul sur la plage. J'ai vu le brillant Phœbus sortir de l'onde amère, après que l'aurore aux doigts de rose eut empourpré le ciel et la mer à l'orient de Tamatave. J'ai vu passer un grand troupeau de bœufs que l'on menait au pâturage. J'ai causé avec M. Alibert, négociant à Tamatave, agent des messageries, qui était en train d'envoyer ses chaloupes en rade. J'ai vu quelques créoles de Bourbon, des Saint-Pierrois, employés de la douane ou petits marchands à Tamatave. Tout ce monde-là a bonne mine et assure que le climat de ce pays-ci n'est pas mauvais. Un jeune Roselmy-Léon, que j'ai connu enfant à Saint-Pierre, m'a dit que pour lui Tamatave est aussi salubre que notre quartier natal. M. Alibert est un Marseillais. Il habite Tamatave depuis plus de dix ans et n'a jamais eu la fièvre ni aucune maladie. Son mâle visage et toute sa personne respirent la force et la santé. Oh! que nos pauvres gouvernants français sont crédules de gober tout ce que nos adversaires leur font croire pour dégoûter la France de la plus belle possession coloniale qui soit au monde! Malgré la salubrité intrinsèque de Tamatave, notre corps expéditionnaire a beaucoup de malades en ce moment, et, chose étrange, c'est de France que vient l'épidémie. Des soldats d'infanterie de marine, partis de Toulon avec la fièvre typhoïde, l'ont répandue dans les casernes de Tamatave. Hier, j'ai vu passer le cercueil d'un pauvre soldat mort la veille. J'aurais voulu suivre son modeste convoi, mais j'étais en conférence avec l'amiral et je ne pouvais pas le quitter.

La sécurité est parfaite dans la ville de Tamatave. Par mesure d'ordre, l'amiral a ordonné que chaque maison eût devant sa porte une lanterne allumée toute la nuit. De là cette illumination si pittoresque, dont je vous parlais dans ma causerie d'hier soir.

Je vous disais hier que nous avions fait visite à un consul général de France, M. Patrimonio. Nous nous sommes bornés à une conversation de pure courtoisie, et de son côté il a gardé une

irréprochable réserve diplomatique. On dit qu'il
n'est pas venu ici pour les affaires de Madagascar,
et que sa mission est à Zanzibar. Je ne demande
pas mieux. Mais alors le crochet qu'il a fait sur
Madagascar me préoccupe. Si je connais bien les
hommes en général, et les diplomates en particulier, j'ai diagnostiqué dans celui-ci quelqu'un qui
n'est pas favorable au maintien de la possession
de Madagascar. Tout au plus serait-il disposé à
garder Diego-Suarez et Vohémar*. Mais Vohémar
et Diego-Suarez ne suffisent pas : il faut le tout,
sans quoi nous risquerions d'être chassés à bref
délai du peu que nous garderions. On dit que
M. Patrimonio est un ami intime de M. Herbette
et a reçu de lui des inspirations. Or, l'excellent
M. Herbette est fameusement anglomane !

La sécurité est parfaite à Tamatave, et l'on
peut y dormir portes ouvertes. Cela n'empêche
pas que l'on ne soit bloqué par les Hovas du côté
de la terre.....

Oh ! que nos ministres sont coupables de

---

* Je faisais trop bonne mesure à M. Patrimonio et à l'amiral
Miot. Ils se sont contentés de Diego-Suarez, qu'ils ont encore voulu
réduire à la plus simple expression dans une fameuse lettre inter-
prétative que M. de Freycinet a été obligé de désavouer à la tribune
de la Chambre des députés, et qui a beaucoup pesé sur notre situation à Madagascar.

n'avoir pas donné à l'amiral Miot les moyens de
déloger les Hovas de Farafate et des environs de
Majunga! — Combien ils sont coupables d'a-
voir étouffé son initiative dès le début par leurs
tergiversations et leurs ordres contradictoires!
Oui, de la part du ministère, toute cette affaire
a été menée avec le plus déplorable mauvais
vouloir. Tout serait terminé si on l'avait voulu,
mais on était plus préoccupé de plaire aux méthodistes et aux intransigeants que de servir
les intérêts de la France. Aujourd'hui tout est
plus difficile, mais non pas impossible, tant s'en
faut.

La mollesse du ministère fait que tout ce qu'il
y a d'étrangers à Madagascar se moque de la
France et nous trahit avec les Hovas sans se
gêner. Les choses ont été poussées si loin que
l'amiral s'est décidé à faire un exemple. Après la
reconnaissance sur Farafate, dont vous connaissez déjà les détails en France, on a surpris, sur un
protégé anglais, commis de la fameuse maison
Procter, des correspondances avec les Hovas.
Cet homme a été convaincu de trahison. Le conseil de guerre l'a condamné à mort. Il a été
exécuté le 15 de ce mois. J'espère bien qu'on en
fera autant aux autres traîtres qu'on pourra
attraper. Si l'on avait passé le dévot pharmacien
Shaw par les armes au lieu de lui donner vingt-

cinq mille francs, il n'aurait pas fait école et nos affaires auraient mieux marché ici.

Mardi 20 octobre, 3 h. 1/2 matin.

Hier matin nous sommes allés au campement des volontaires créoles. Le commandant Héral, leur chef, nous a adressé une allocution, après quoi Dureau et moi nous leur avons fait un petit discours. Puis on a rompu les rangs et nous avons causé familièrement avec eux. Cette petite troupe a tout à fait bonne mine. Elle s'est toujours parfaitement comportée, et notamment dans la dernière affaire de Farafate. Que d'éléments de succès si nos ministres n'avaient pas entravé, comme à plaisir, l'initiative des chefs et l'élan des premiers jours..... Nos volontaires créoles sont pour la plupart de beaux jeunes gens, à l'air martial et solide. Leur campement et les baraques où ils sont logés nous ont paru être dans de bonnes conditions hygiéniques. Leur service est fort pénible. Ils sont constamment sur pied, mais cette vie, très active, ne paraît pas nuire à leur santé.

En quittant les volontaires, nous sommes allés visiter le fort de Tamatave (ancien fort hova) occupé par la troupe de marine. C'est une grosse

construction circulaire avec une grande cour au
milieu. — Au centre de la cour, un puits ombragé
par un énorme manguier. Nos soldats y ont fait
un jardin de fleurs et de légumes. Les canons du
fort battent la campagne et atteignent jusqu'au
campement des Hovas à Farafate. Quel dommage
qu'on n'ait pas pris cette position de Farafate au
début de l'occupation de Tamatave. C'était
chose facile alors, très facile. Hélas! de Paris on
ne l'a pas permis. C'est un crime! Ah! nos tristes
hommes d'État!

Après la visite du fort, nous sommes allés au
Consulat de France (consulat de France!*) où les
délégués de la *colonie française* de Tamatave nous
attendaient. Nous avons vu là une cinquantaine
de Français, la plupart Européens. Je vous assure
qu'ils se portent bien et qu'ils se moquent de la
prétendue insalubrité de Tamatave. Beaucoup
d'habitants français sont partis d'ici depuis la
guerre; mais tel qu'il est en ce moment, Tamatave
a une grande importance et ce serait une crimi-
nelle folie de l'abandonner.

Les deux prêtres catholiques français de Tamatave faisaient partie de la députation qui est
venue au-devant de nous.

A dix heures et demie du matin, l'amiral nous

---

* Chose singulière, un consulat dans un pays qui est à nous!

a envoyé sa baleinière, remorquée par une chaloupe à vapeur; nous avons déjeuné à bord de la
Naïade, et nous avons réglé notre itinéraire de
circumnavigation; puis nous sommes allés visiter
le bateau-hôpital la *Corrèze.* Nous y avons vu des
malades, parmi lesquels plusieurs de nos volontaires. Les installations à bord de la *Corrèze* sont
aussi bonnes que le comporte l'encombrement
inévitable à bord d'un navire. La propreté y est
parfaite. On fait ce qu'on peut. Mais de petites
baraques à terre seraient de beaucoup préférables.
Je l'ai dit à l'amiral, qui n'aurait pas demandé
mieux que d'installer ces baraques. On ne lui en
a pas donné les moyens.

Ce qui manque le plus à nos malades, c'est la
glace. Nous en avons donné à la *Corrèze* une
caisse de cent kilos, dont Pierre Parent, qui est
la prévoyance et le patriotisme personnifiés,
s'était précautionné à leur intention en partant
de Bourbon. Il a pris ses mesures pour que
pareille quantité soit portée aux malades par
toutes les occasions qui se présenteront.

Redescendus à terre, j'ai fait, accompagné
de l'amiral Miot et de deux de ses officiers, une
promenade à cheval aux avant-postes. Nous
avons visité toutes nos lignes, les épaulements,
les palissades, Deux de ces positions sont défen-

dues par un petit corps de volontaires commandés
par un jeune Choppy, de Saint-Pierre. Du côté
du fort, une palissade qui va de la mer au fort est
aussi défendue par nos créoles. Je vous assure
qu'ils rendent de grands services, et cela depuis
le commencement*. Mais on n'a jamais songé à
eux dans la répartition des récompenses.

Je m'attendais à être fortement courbaturé de
mon excursion de deux heures, sur un grand
bêta de cheval de gendarme ombrageux comme

---

* Voici le témoignage du commandant en chef de l'expédition
de Madagascar :

Extrait des procès-verbaux officiels de la commission de Madagascar à la Chambre des Députés. (Séance du mercredi 11 juin 1884,
n° 3209, page 45.)

M. DE MAHY, président de la commission. — Monsieur l'amiral,
en ma qualité de créole de Bourbon, voulez-vous me permettre de
vous adresser une dernière question? Avez-vous été content de nos
volontaires?

M. L'AMIRAL GALIBER. — Je suis très heureux de l'occasion
qui m'est offerte de témoigner toute ma reconnaissance aux volontaires de l'île Bourbon. Lorsque les compagnies sont arrivées à Madagascar, elles m'ont tiré du plus grand embarras. C'était au moment
où la fièvre sévissait avec le plus d'intensité, où je ne savais comment remplacer les hommes qu'elle atteignait. Ces jeunes gens qui
m'étaient venus avec la pensée de faire le coup de feu, de tenir
campagne, se sont trouvés placés dans une situation tout autre
que celle qu'ils avaient rêvée, condamnés à la vie de garnison, entre
quatre murs, à laquelle leurs esprits n'étaient nullement préparés,
au régime le moins attrayant, le plus dur auquel puissent être as-
treints des soldats. Ils l'ont supporté avec une abnégation au-dessus
de tout éloge, au-dessus surtout de ce qu'on pouvait attendre de
leur jeunesse. *Jamais il n'y a eu chez eux la moindre défaillance.* Et
cela a été d'autant plus méritoire de leur part, qu'arrivés avec un

le diable. Pas du tout! je n'ai pas ressenti la moindre fatigue.

L'hôtel d'Europe n'est pas mauvais. Les mets ne sont pas mal accommodés. Les chambres, un peu rustiques, sont grandes. Les lits sont bons. Il fait assez frais pour que l'on y mette des couvertures de laine qui m'ont fait grand plaisir.

La température a été délicieuse à Tamatave ces jours-ci : très fraîche matin et soir, tiède dans

tout autre objectif, ils se sont trouvés immédiatement aux prises avec la maladie qui s'est appesantie sur eux avec une violence particulière.

M. LE PRÉSIDENT. — Pour quelle cause?

M. L'AMIRAL GALIBER. — Leur âge. Il y avait parmi eux des enfants de seize ans. Ceux qui ont résisté ont montré toujours beaucoup d'entrain, de belle humeur. C'étaient des débrouillards sachant tirer parti d'une foule de petites ressources.

En faisant mes tournées quotidiennes d'inspection, je me suis aperçu qu'ils laissaient beaucoup de pain. Je leur en demandai la raison. Ils me dirent qu'ils préféraient le riz. Je modifiai leurs rations, je leur donnai du riz en leur laissant seulement un tiers de pain et je leur dis : « Je vous laisse la liberté de vos marmites. » Ils se sont mis tout de suite à faire leur cuisine de Bourbon. Ils allaient battre la campagne pour y ramasser des légumes, du piment, se servant au mieux de leur sou de poche pour améliorer leur situation, et je déclare qu'il m'est arrivé de rester ébahi devant leurs marmites.

Enfin, je relevais habituellement les compagnies au bout de deux mois : eux, je ne les ai relevés qu'au bout de trois mois et sans qu'ils l'aient demandé. C'est moi qui ai pris l'initiative de le faire, estimant que je ne pouvais abuser plus longtemps de leur bonne volonté. Je les en remercie aujourd'hui.

la journée. En somme nous emporterons d'ici une impression excellente.

Le terrain autour de Tamatave est très fertile, les collines qui s'étagent dans le lointain sont couvertes de bois et de cultures. Le paysage est fort beau, l'aspect du pays plantureux. La vue au nord de la ville rappelle beaucoup le magnifique panorama des hauts de Saint-Pierre du côté de Montvert.

Après notre dîner, hier soir, nous avons encore reçu des visites et nous sommes allés prendre un verre de sirop chez l'un des plus vieux habitants français de Tamatave, M. Michel. Nous y avons rencontré l'aimable inspecteur des messageries, M. Casoneuve, et M. Alibert. Nous sommes rentrés à l'hôtel à onze heures, ayant bien rempli notre journée.

Sainte-Marie de Madagascar.
Mercredi 21 octobre 1885, 4 h. matin.

Mes bien-aimés, dans le récit que je vous faisais hier de ma journée d'avant-hier, j'ai oublié de vous parler de notre visite aux blessés de l'affaire de Farafate. Ils sont installés dans une excellente ambulance près de Tamatave. Presque tous sont

convalescents. J'ai causé avec chacun d'eux, notamment avec un capitaine, M. Retrouvey, et un
jeune lieutenant d'infanterie de marine, M. Haye.

Pas un murmure, pas un seul mot amer n'est
sorti de la bouche de ces braves qui ont souffert
pour la patrie. Ah! ceux qui travaillent à rendre
stériles les sacrifices de la France à Madagascar
sont bien coupables! nos méthodistes, nos faibles
ministres, nos politiciens légers ont fait et conti-
nuent à faire beaucoup de mal.

.   .   .   .

Hier matin, à sept heures, nous avons quitté
Tamatave. Nous avons fait une dernière visite à
l'amiral à bord de la *Naïade,* puis nous nous
sommes embarqués sur le *Bisson* qui a appareillé
à huit heures trois quarts. Nous avons fait route
au nord, toujours en vue de la grande terre dont
les côtes sont fort belles, et nous sommes arrivés
à cinq heures après-midi à Sainte-Marie de Madagascar. Nous avons été reçus par le commandant,
M. Wickers, créole de Bourbon, ami de Dureau.
Sainte-Marie est un vrai bijou que nos ministres
ont laissé dans un systématique et coupable
abandon. A un moment donné, on a voulu quitter

tout à fait Sainte-Marie. C'est alors que j'en ai
obtenu le rattachement à Bourbon. Mais pas un
de nos gouverneurs ni de nos administrateurs n'a
daigné y faire une visite. Et cependant Sainte-
Marie est une situation de premier ordre où la
France a réellement beaucoup fait. Les constructions qu'on y voit, maison du gouverneur, hôpital, magasins, fort, caserne, tout est dans de
belles proportions et solidement construit. Le
commandant Delagrange, cet honnête homme
si méconnu, a sagement administré la colonie.
A chaque instant son nom revient sur les lèvres
de chacun. Je prie Milo ou Valentine de le lui dire
à l'occasion. Au surplus, je vais lui écrire tout à
l'heure quelques lignes.

Le commandant actuel de Sainte-Marie, M. Wickers, me paraît avoir pris à cœur sa tâche. Tout
est dans un ordre parfait. J'ai visité avec lui, hier
au soir, les constructions qui sont sur l'îlot Madame, où se trouve sa résidence. J'ai été frappé
de l'admirable tenue de l'hôpital où l'amiral Miot
envoie achever de se guérir les typhiques venus
de France et ceux qui ont été contaminés par eux.
Et le fait est qu'ils se guérissent à Sainte-Marie
dont le climat est *excellent* pendant les mois de
mai, juin, juillet, août, septembre et octobre.
L'amiral fait ce qu'il peut pour relever Sainte-

Marie, où il a une partie de ses approvisionnements et où il a une escale de grande valeur. La
rade et le port sont de toute beauté. Nous y avons
rencontré la frégate le *Nielly* (celle qui nous aurait fait faire notre voyage, si elle n'avait été
affectée à M. Patrimonio). Le commandant du
Nielly, M. Dorlodot des Essarts, capitaine de
vaisseau, est venu nous faire visite à bord du
Bisson. C'est un charmant homme.

Nous avons tous dîné chez M. Wickers dont
la famille est arrivée depuis peu à Sainte-Marie.
Après le dîner on a fait de la musique. Le commandant du *Bisson*, M. Poudra, et Mme Wickers
ont tenu le piano. Les officiers du *Bisson* et du
Nielly sont venus et on a organisé une petite
sauterie. Il y a chez M. Wickers six jeunes personnes charmantes, ses filles, belles-sœurs et
nièces. Le plus gai danseur était le commandant
Dorlodot des Essarts.

Pendant la soirée, Dureau, Pierre Parent et
moi nous nous sommes esquivés avec M. Wickers et nous avons fait au clair de lune une promenade en bateau qui nous a conduits de l'îlot
Madame à l'île de Sainte-Marie proprement dite.
Nous avons vu des allées de manguiers superbes,
et, se jouant partout, la plus douce population
noire qui soit au monde.

Les Malgaches de Sainte-Marie sont des êtres excellents, très bons marins, très attachés à la France. Ils rendent de grands services à nos navires de guerre qui les emploient comme chauffeurs et comme matelots. L'amiral Galiber en a fait le plus grand éloge dans sa déposition devant la commission de Madagascar à la Chambre des députés.

Vers minuit, nous sommes rentrés et nous avons gagné notre chambre pendant que les jeunes gens continuaient à danser. Ce matin, nous ferons visite au port et à l'aiguade, de six heures à sept heures et demie. A huit heures, nous reprendrons notre *Bisson* pour faire route sur Vohémar où nous serons demain matin.

Le commandant du *Bisson,* M. Poudra, capitaine de frégate, est le plus aimable homme du monde. Il est cousin de M. Poudra, l'ancien secrétaire général de la présidence de la Chambre des députés. Il se montre charmant pour nous.

Le *Bisson* est un aviso de première classe, qui marche assez bien quand le temps est beau, mais c'est le plus rude rouleur de toute la division navale.

Nous avons adressé hier, de Tamatave, au président du conseil des ministres, un télégramme

qui sera expédié de Zanzibar par le *Nielly*.
Nous lui disons que nous sommes émerveillés de
ce que nous avons vu à Madagascar, et nous lui
annonçons des renseignements précieux à notre
prochain retour. Si Milo peut avoir occasion de
rencontrer des hommes politiques, notamment
parmi nos amis de la Chambre et du Sénat, je
le prie de leur dire que s'il y a une interpellation
sur les affaires de Madagascar, je leur serai re-
connaissant de l'ajourner jusqu'à notre retour
qui est prochain. Milo pourrait en tout cas voir
Margaine et lui demander aide et conseil à cet
effet. Je compte bien que Margaine aura été
réélu questeur, et aussi M. Madier de Montjau.

Je vous quitte. Il est grand jour. Je ne me suis
pas du tout couché. Une bonne affusion froide
me défatiguera et je serai tout de suite prêt,
pour ne pas retarder notre visite au port et notre
départ pour Vohémar.

Même jour. En mer.

Vous savez que Madagascar est le pays par
excellence des vers à soie. Il y en a dans les diverses régions de l'île de nombreuses variétés,
vivant en plein air sur des plantes de diverses
espèces, sans culture aucune. L'une d'elles est

très abondante dans les champs d'*embrevates** et donne une soie d'une solidité extraordinaire. — A Sainte-Marie, il y a une variété de vers assez curieuse, qui vit en famille, en société, sur les arbres de la forêt, et se réunissent par groupes pour dormir leur sommeil de chrysalides. Chaque ver tisse son cocon séparément, et les cocons, en certain nombre, sont reliés les uns aux autres, agglomérés et contenus dans une gangue soyeuse qui les enveloppe entièrement tous ensemble. C'est ce qui a fait croire à l'existence de cocons gros comme la cuisse d'un homme, dont parle M. d'Escamps dans son beau livre sur Madagascar. M. Wickers m'en a donné des échantillons que je destine à mes collègues MM. Fougeirol et de Lanessan. — Je ne sais si cette variété de soie peut avoir une utilité industrielle. Ce que je sais, c'est que d'autres variétés, tout aussi rustiques, donnent de la soie très belle et très bonne, et que les Malgaches en font de belles étoffes. Ce serait donc une ressource pour notre industrie. Des missionnaires anglais ont écrit que Madagascar donnerait le café, le riz, le sucre, les textiles en quantités suffisantes pour la consom-

---

* *Cytisus cajan,* arbrisseau de la famille des légumineuses (papilionacées). La gousse contient une sorte de petits pois. C'est un très bon mets. La gousse et le grain séchés remplacent très avantageusement l'avoine pour les chevaux.

mation de tout l'empire britannique (et ce ne sont pas les seules richesses de l'île). Mais les mêmes agents de la propagande anglaise ont su persuader à certains de leurs coreligionnaires des sociétés bibliques françaises que Madagascar ne vaut rien, et ceux-ci font chorus! et ils répètent à leur tour *que nous n'avons aucun droit sur ce vilain pays, ni aucun intérêt à le posséder, et que quand même ce serait le plus beau pays du monde, et les droits de la France incontestables, les droits et les intérêts de la France s'effacent devant l'intérêt humanitaire supérieur, lequel se confond avec l'intérêt anglo-hova et le christianisme anglais* ; et qu'il est bien heureux pour Madagascar que l'influence anglaise ait prévalu dans cette île sur celle de la France, etc.** *. Je ne partage pas l'avis de ces messieurs. Je ne trouve pas cela heureux du tout. Je trouve fâcheux que des Français, stylés par des Anglais, professent et propagent de pareilles horreurs. Je trouve déplorable que par leur situation et leurs relations, ils exercent une action prépondérante sur les affaires de la France. On

---

* *Nos droits sur Madagascar et nos griefs contre les Hovas*, examinés impartialement par R. Saillens, avec une préface de M. Frédéric Passy. Paris, Paul Monneret, 1883. In-8°.

** *Madagascar et ses habitants*, par James Sibree, traduit de l'anglais par H. Monod, pasteur, et Henry Monod, avocat. (Préface de M. H. Monod, pasteur, page VIII.) Toulouse, Société des Livres religieux, 1873. In-8°.

ne se fait pas une idée en France de l'effet que produisent au loin ces choses-là, qui exaltent l'insolence de nos ennemis, excitent la raillerie de nos rivaux, inquiètent nos amis et indignent nos officiers, nos soldats et tous nos nationaux. C'est l'effet que produit ici le livre de M. Saillens, expédié par ballots de Paris et de Londres à Madagascar, et traduit en anglais et en hova dans les journaux anglo-hovas. Les hommes politiques, députés, sénateurs, journalistes, pasteurs protestants, et, à leur tête, mon vénérable collègue M. Frédéric Passy, qui ont chargé M. Saillens d'être leur truchement officiel, ces Français égarés, séduits par leurs coreligionnaires de Londres, ont-ils calculé la portée de leur œuvre*?

.　.　.　.　.　.　.　.　.　.　.

... Ce matin, en allant à l'aiguade, nous avons parcouru les bras de mer qui forment le port intérieur de Sainte-Marie. L'eau est profonde et d'un calme absolu. Le rivage, très acci-

---

* D'autres écrivent que *le monde semble destiné à devenir anglo-saxon et que ce sera un bien; que l'Anglais, seul, sait apporter de la grandeur dans les affaires...; que l'Angleterre a une très juste réputation de probité commerciale..., et que... l'on ne saurait malheureusement en dire autant de la réputation de la probité commerciale de la France à l'étranger.* Singulier langage dans la bouche d'un officier supérieur de la marine française !...

denté, est couvert d'une végétation luxuriante
qui descend jusqu'au bord de l'eau. L'aiguade
est alimentée par un joli et clair ruisseau, très
limpide, qui court sous bois et que l'on a capté
au moyen de tuyaux très bien disposés pour la
facilité des opérations.

Sur la rive opposée, dans un site romantique,
est le tombeau de M. Albrand, que nous avons
salué avec une profonde émotion*.

Sur un autre point de la colonie reposent les
restes des Français assassinés en 1845 à Tamatave par les Hovas, et dont les têtes sont restées
si longtemps au bout de piques plantées sur le
bord de la mer, comme un suprême outrage à la
France et à la civilisation. Ce fut notre première
visite en mettant pied à terre à Sainte-Marie, et
notre dernière pensée est à eux au moment où
la marche rapide du navire nous dérobe la vue
de Sainte-Marie, qui disparaît dans le lointain.

* Fortuné Albrand, ancien élève de l'École normale supérieure.
— Professeur au collège Royal de l'île Bourbon sous la Restauration. — Envoyé à Madagascar en 1819 pour prendre possession du
fort Dauphin lorsque l'Angleterre fut obligée de restituer à la
France Madagascar que le gouvernement anglais avait voulu garder,
en violation des traités de 1814 et de 1815.

Vohémar. Jeudi 22 octobre, 9 h. soir.

Nous avons jeté l'ancre ce matin à huit heures et demie, dans le port de Vohémar. Le commandant du *Capricorne,* canonnière de l'État, est venu nous rendre visite. Un instant après est arrivé le commandant supérieur de Vohémar, M. le capitaine de frégate Prouteaux. Un peu plus tard M. Guinet, directeur des affaires locales.

Dureau est descendu tout de suite, avec Pierre Parent et le commissaire du bord. Ils ont été prendre gîte et déjeuner chez M. Mathieu, agent de la maison Mante et Borelli, de Marseille. M. Mathieu tient une excellente auberge qu'on est heureux de trouver là. Je suis resté déjeuner à bord avec les deux commandants Poudra et Prouteaux, pour régler avec eux nos faits et gestes à Vohémar. Il a été décidé que nous visiterions dès aujourd'hui tout ce qu'il y a à voir dans la ville, et que demain nous irions au fort d'Amboanio, situé à dix-sept kilomètres, d'où nous reviendrions après-demain en prenant par le fortin qui domine la ville, et par la briqueterie dirigée par un officier des volontaires de Bourbon. Nos volontaires sont à Amboanio. Ici comme à Tamatave, on est très content d'eux.

Tout ayant été ainsi convenu, je suis descendu à terre vers les deux heures, avec le commandant Prouteaux qui nous a offert l'hospitalité de la façon la plus cordiale. J'ai été chercher Dureau chez M. Mathieu, un brave Français, très patriote, très intelligent, établi à Vohémar depuis longtemps. Nous avons causé du pays et de tout ce qui y a été fait. Le capitaine Brun, le héros d'Andraparany, et le commandant Poudra, puis le médecin de marine nous ont rejoints, et nous avons commencé à quatre heures une promenade qui ne s'est terminée qu'à sept heures du soir.

Nous avons d'abord visité l'ambulance qui est parfaitement organisée, et où j'ai vu deux de nos volontaires en convalescence. J'y ai vu aussi des *typhiques* venus de France, et de même provenance que ceux de Tamatave et de Sainte-Marie.

Après l'ambulance, la douane, dirigée par un de nos compatriotes Saint-Pierrois, un des fils de M. Casimir Deltel. Puis les magasins de l'État, le pavillon destiné aux médecins, le campement très bien ordonné de l'infanterie de marine, les boutiques de plusieurs marchands européens, indiens, créoles de Bourbon et de Maurice. Un de ces derniers, M. d'Emerez de Charmoy, vice-

consul d'Angleterre, était venu nous faire visite.
Il nous a offert de la bière Velten de Marseille.

Nous avons parcouru le village malgache
sakalave, où nous avons dit bonjour au chef indigène, lequel rend aux Français les plus excellents services. Nous sommes entrés dans plusieurs cases. Depuis l'occupation, les mœurs des
Sakalaves se transforment. La plupart ne cou-
chent plus sur des nattes par terre; ils ont des
lits avec des moustiquaires, des chaises, de la
vaisselle. La civilisation les gagne avec une remarquable rapidité.

Cette population est assez belle. Les hommes
sont grands et forts; les femmes sont pour la
plupart assez jolies. Elles ont le visage gai et
souriant. Une d'elles, fille d'un grand chef et
femme d'un riche marchand indien, est vraiment belle : un peu trop grande et trop robuste
peut-être, mais son visage est charmant et distingué; elle a très bonne réputation dans le pays.

Nous avons ensuite fait visite à M. Guinet,
puis à un créole de Saint-André, un fort brave
homme, jeune encore, qui a payé d'audace, est
parti de Bourbon avec sa femme, ses trois filles
et son fils. La plus jeune de ses enfants paraît
avoir une douzaine d'années. Ce créole s'est fait
donner à titre provisoire une petite concession.

Il y a construit d'abord une paillotte, puis il a entouré son emplacement, qui a trente-sept mètres sur cinquante. Et en ce moment, il construit une maison en bois, qu'il extrait de la forêt voisine. Sa femme et ses filles sont blanchisseuses, repasseuses et tailleuses, son fils forgeron-mécanicien. Tout ce petit monde est à la besogne du matin au soir et gagne de l'argent. Ils ne suffisent pas au travail, qui leur vient de .tous côtés. Le soir, le jeune homme charme les loisirs de la famille en jouant du cornet à piston. Il nous a accueillis à notre arrivée chez son père par une *Marseillaise* fort bien exécutée, ma foi. A propos, ceci me rappelle que l'amiral Miot nous a fait aussi jouer la *Marseillaise* à bord de la *Naïade*. Revenons à notre vaillant créole, il s'appelle Daniel Vidot, de Saint-André...

Que de ressources dans ce pays de Vohémar, que M. Escande et M. Brun ont pris, en dépit des ordres du ministère! Ils avaient des instructions obscures et contradictoires. Ils les ont comprises dans le sens de l'honneur et du patriotisme.

Ils ont eu des successeurs dignes d'eux et dignes de la France. D'abord, M. Poudra, le commandant actuel du *Bisson,* puis M. Prouteaux, aujourd'hui commandant supérieur de Vohémar.

M. Poudra a commencé l'organisation coloniale, M. Prouteaux la continue avec l'aide de M. le capitaine Brun et de M. Guinet. Quels vaillants hommes! Et l'on ose dire que les Français n'ont pas le génie de la colonisation!

Vohémar est une ville qui sort de terre et pousse comme un noble végétal dirigé par un horticulteur habile. Dans dix ans d'ici, ce sera un grand centre commercial, à moins que nos hommes d'État n'y mettent ordre et n'étouffent dans son germe la colonie naissante *. Le port naturel de Vohémar est admirable. Les navires de grand tonnage y mouillent à toucher terre. En ce moment, sept beaux navires, dont cinq de commerce, qui sont venus porter et prendre de la marchandise. Il naît plus de cinquante bœufs par jour dans les environs immédiats de la ville. Les collines qui entourent la ville sont couvertes de grands pâturages et de forêts magnifiques.

Le climat est en rapport avec la beauté du pays : excellent. Un vieux Mauricien, âgé de quatre-vingts ans, qui habite Vohémar depuis plus de cinquante ans, nous a assuré que la fièvre est à peu près inconnue ici.

---

* Hélas! ils n'y ont pas manqué. Ils ont ramené sur des navires français les Hovas, et les Hovas se sont livrés à d'horribles vengeances sur la population indigène. Tout ce que la France avait fait a été détruit. Vohémar a été restitué à l'esclavage et à la barbarie.

Le capitaine Brun est Alsacien. Il n'a de brun que le nom. C'est un beau jeune homme, frais et rose comme s'il n'avait jamais quitté l'Europe. Le commandant supérieur, M. Prouteaux, qui est Charentais, n'a jamais été malade à Vohémar, et cependant il travaille beaucoup et partage son temps entre le travail de bureau et les occupations actives d'un chef qui ne néglige aucun des intérêts dont il a la garde. Nos ministres sauront-ils récompenser ces hommes de valeur et de bonne volonté selon leur mérite?

Mais, quoi! la République est en danger, d'après une dépêche *anglaise* de Zanzibar, arrivée ici hier matin. Cette dépêche dit que « les conservateurs sont en grande majorité dans la nouvelle Chambre, qu'il y a eu des troubles dans Paris, et que le *Gaulois* a illuminé. » Que signifie ce mot *conservateur?* L'illumination du journal *le Gaulois* n'est pas de nature à faire croire que ce soient des conservateurs républicains. Qu'est-ce donc, alors? Une majorité orléaniste? Ce serait un grand danger. Hélas! les fautes des républicains, aggravées par le scrutin de liste, par nos divisions, ont-elles compromis l'existence de la République? J'ai l'âme torturée par cette nouvelle. Je n'y ajoute pas foi tout à fait, vu l'origine de la dépêche, et mon ami Dureau, toujours optimiste, n'y croit pas du tout. N'importe! il nous tarde d'être fixés. Il nous tarde d'être rentrés en France, pour prendre part aux luttes du parti républicain contre les monarchistes de toutes nuances.

Bonsoir. Je rejoins Dureau dans la chambre que le commandant Prouteaux nous a donnée à tous deux. Je vous écris de la salle à manger, qui est à côté. Notre chambre est vaste et d'une exquise propreté. La température est douce, plutôt un peu fraîche, et je garderai sûrement la couverture de laine qui est sur mon lit.

J'oubliais un détail intéressant. On tue cinq bœufs par jour pour la consommation de la ville, sans compter ce que mangent les navires, et sans compter l'exportation, qui est considérable.

Prix de la viande à Vohémar :

Une cervelle de bœuf. . quatre sous.
Les rognons. . . . . quatre sous.
Le filet entier. . . . . quatre sous.
Une épaule. . . . . quatre sous.
Une cuisse. . . . . . quatre sous.
Un morceau quelconque. quatre sous.

Notre compatriote créole dont je vous parlais

tout à l'heure, M. Daniel Vidot, achète tous les jours une cuisse de bœuf, qu'il paie quatre sous, non pas quatre sous la livre ou le kilo, *mais quatre sous la cuisse entière*. Ce soir, à dîner, chez le commandant Prouteaux, nous avons eu un excellent filet, qu'il a payé quatre sous. Connaissant la généreuse hospitalité de nos officiers de marine, nous avions prié M. Prouteaux de nous traiter très simplement, à la spartiate. Comme nous lui faisions le reproche de manquer à sa promesse, en prenant place à sa table, richement garnie de vins fins et de mets exquis : « Voilà, dit-il, un filet de bœuf qui me ruinera. Il m'a coûté la somme exorbitante de vingt centimes. »

Parmi les bonnes mesures prises par le commandant Prouteaux, je dois faire mention spéciale d'un impôt de cinquante centimes sur le litre de rhum. A son arrivée ici, l'ivrognerie était la plaie de la population. Aujourd'hui, on paie le rhum plus cher, l'ivrognerie est devenue assez rare, et l'impôt fait rentrer un peu d'argent dans les caisses du gouvernement.

A propos d'alcool, j'ai observé dans le régime de nos matelots une très mauvaise pratique. On leur donne tous les matins quatre centilitres d'alcool. C'est détestable. On leur donnait naguère six centilitres, qui ont été réduits à quatre. Cela a produit un certain mécontentement parmi les marins, et pourtant, c'était déjà bien que de faire cette réduction. Il faudrait une suppression totale, remplacer l'alcool par une bonne soupe ou du thé, ou du café, ou autre chose, et réserver l'alcool comme supplément dans certains cas spéciaux. Mais donner de l'eau-de-vie tous les matins à des hommes, pour la plupart très jeunes, c'est préparer des ivrognes pour l'avenir et nuire à la santé dans le présent. Dans les marines étrangères, cela ne se fait pas. C'est une réforme à signaler au ministre.

Au fort d'Amboanio, à 17 kilomètres de Vohémar.

23 octobre, 9 h. soir.

Ce matin, à un détour d'un petit bois, j'ai vu une si jolie touffe de piment que, vite, j'ai sauté à bas de ma mule, pour en cueillir un beau bouquet. Nous nous en sommes régalés à déjeuner.

Quelle journée, quelle intéressante et charmante journée nous avons passée. Partis à cinq heures et demie de Vohémar en compagnie du commandant Prouteaux, nous sommes arrivés vers les dix heures au fort d'Amboanio. La route traverse d'abord une petite prairie naturelle, puis elle longe un marigot couvert de palétuviers, puis elle passe sous bois pendant deux ou trois kilomètres. Ce bout de forêt est très beau, mais beaucoup moins que les forêts de l'intérieur, au dire de tous. Au sortir du bois, le sentier serpente constamment au milieu de collines revêtues d'une couche verte de gazon où paissent de grands et paisibles troupeaux de bœufs. Les animaux comme les gens de ce pays-ci sont les plus doux du monde. Quand on approche d'eux ils vous cèdent poliment le passage. Nous avons passé soit à cheval, soit à mule, soit en filanzane, soit à pied, au milieu de plusieurs de ces troupeaux. Aucune de ces innombrables bêtes à cornes n'a pris à notre encontre une attitude menaçante.

Le chef de bataillon d'infanterie de marine, M. Mantin, qui commande le fort d'Amboanio, nous a rejoints à peu près aux deux tiers du trajet, au moment où nous allions prendre le bac pour traverser la rivière de Manambéry. Ce bac a été construit à Bourbon. A chaque instant on trouve ici la preuve du concours prêté par notre chère île natale, à la France, pour la conquête de la grande terre française de Madagascar.

La rivière de Manambéry est un assez beau cours d'eau, peuplé, dit-on, de crocodiles. Nous n'avons pas eu la chance d'en apercevoir un seul de ce côté; mais nous en avons vu beaucoup l'après-midi dans une autre rivière, le Fanamba, et dans les marécages qui entourent ses rives.

En arrivant à Amboanio, nous avons d'abord passé en revue les guerriers sakalaves du village, avant d'entrer dans le fort. Ces guerriers sont au nombre de quatre-vingts. Ils ont très bonne mine et manient fort bien la carabine Minié et le fusil à deux coups. Il y en a encore une centaine d'autres dans la ville même de Vohémar. Cette troupe est parfaitement soumise et disciplinée. Ils sollicitent du commandant Prouteaux la permission d'aller attaquer les Hovas dans l'intérieur, sous la conduite de deux Français, M. Hippolyte Houneau et M. Aimé. M. Aimé est un Breton, M. Hippolyte un Basque. Deux fortes natures. Ils sont à Madagascar depuis de longues années et parlent tous les idiomes du pays. Les Sakalaves ont en eux une confiance illimitée. Tous deux nous ont servi de guides dans nos promenades d'aujourd'hui.

Après la revue des Sakalaves, nous sommes allés au poste des volontaires créoles, en dehors du fort.

Il y a ici soixante-quatorze volontaires qui ont terminé leur temps depuis plusieurs mois et qu'on retient tout de même au service. Ils n'en sont pas contents, car ils voient là un manque de

·parole de la part du gouvernement. Mais ils ne murmurent pas et font très bien leur service. — C'est une excellente troupe à tous les points de vue; plus résistants à la fatigue et aux maladies, supportant mieux la marche que les soldats d'Europe et tout aussi braves.

En quittant nos créoles, M. le commandant Mantin et le commandant supérieur de la province, M. Prouteaux, nous ont fait visiter le fort dans tous ses détails.

Nous avons là une position très forte, qui ne pèche que par le manque d'eau courante. Les hommes sont obligés d'aller faire aiguade à huit cents mètres dans la campagne. Cela pourrait être grave en cas d'attaque. Mais le commandant Prouteaux assure que si les Hovas se hasardaient à attaquer Amboanio, il serait, de sa personne, rendu sur place en trois heures avec sa troupe de Vohémar, de façon à les prendre entre deux feux.

Vous voyez que nous n'avons ici que de braves chefs. Les commandants Poudra, Prouteaux, Mantin, sont de vaillants hommes, dévoués à la cause française de Madagascar; ce sont de vrais patriotes, des organisateurs, des administrateurs de première force. Et des Français osent dire, comme le font certains hommes politiques à la tribune du Parlement, dans les journaux, voire même dans un tas de gros livres, que la race française est dénuée de toute aptitude coloniale. Ah! que j'aurais voulu les voir ici près de nous, depuis que nous sommes à Madagascar. Je crois que le spectacle qui nous émerveille finirait par les convertir, tout endurcis qu'ils soient. Si l'amiral Galiber, au lieu de rester tout le temps à bord de son navire, et de n'en descendre que pour avoir avec les envoyés hovas des conversations oiseuses, s'était donné la peine de voir par lui-même et non pas à travers les inspirations venues de Paris, l'amiral aurait fait de la meilleure besogne.

Une fois la visite du fort terminée, le commandant Mantin nous a invités à prendre place à sa table. Il nous a donné un excellent déjeuner: pâté de foie gras, salade de pommes de terre aux sardines, omelette aux asperges, pintade rôtie, filet de bœuf, excellente laitue de son jardin, dessert assorti. Vin rouge ordinaire et bordeaux fin. Certes, on n'aurait pas à se plaindre, même à Paris, quand on est traité de la sorte. La pintade est un très bon gibier à Madagascar. Le commandant avait tué celle-ci en venant à notre rencontre dans la matinée.

Après déjeuner, nous avons reçu les chefs sakalaves d'Amboanio, avec qui nous avons causé longtemps. Ils prétendent que l'on a des préférences pour ceux de Vohémar. Ils sont contents toutefois et promettent fidélité inébranlable. Le fait est qu'ils sont bien plus heureux que du temps des Hovas. La corvée n'existe plus. Toutes les fois que l'autorité française leur demande un service et les fait travailler, ils sont bien nourris et bien payés. Les Hovas les traitaient comme des bêtes de somme et ne leur donnaient même pas la nourriture.

A deux heures, nous avons fait une nouvelle visite à nos volontaires. Les officiers européens se sont retirés afin de nous laisser, ainsi qu'à eux, toute la liberté. Ils ne se plaignent que d'être retenus indûment et de ce qu'on ne les traite pas comme l'infanterie de marine, malgré la promesse qui leur en avait été faite. Ce sont des points à éclaircir et dont je causerai demain avec le commandant Mantin et le commandant supérieur.

Nous avons quitté les volontaires à trois heures, et nous avons repris notre promenade à travers les prairies couvertes de bétail.

Nous sommes arrivés jusqu'à la rivière de Fanamba dont nous avons côtoyé la rive gauche pendant une heure au moins. Là, nous avons vu dans le fleuve et dans les marais qui l'avoisinent plusieurs crocodiles de grande dimension. Le commandant Mantin a tiré sur l'un d'eux un coup de fusil à balle. Le monstre a fait un saut et a disparu dans le marécage.

Somme toute, nous avons parcouru dans notre journée une trentaine de kilomètres. Tantôt à cheval ou à mule, tantôt en filanzane, tantôt à pied. Le pays est vraiment plantureux; par moments, on se croirait en Normandie. L'horizon est borné par de hautes montagnes qui s'élèvent graduellement de colline en colline.

Une de ces montagnes m'a rappelé par sa forme et par son aspect verdoyant la belle montagne pastorale du Lautaret, dans les Hautes-Alpes.

En d'autres endroits, c'est la nature tropicale dans sa luxuriance. Nous avons fait halte dans un verger de bananiers, de cocotiers et de manguiers. Nous nous sommes assis à l'ombre d'un de ces beaux arbres, un grand manguier dont la vaste ramure abriterait cinquante hommes, et là nous nous sommes régalés d'eau de coco. Puis nous avons fait venir le chef sakalave, propriétaire de ce bel endroit, et nous l'avons indemnisé de ce que nous avions pris chez lui (plusieurs paniers pleins de bananes et de cocos pour l'équipage du *Bisson*). Le brave homme a été très content.

Cet homme, à l'air intelligent et doux, portait dans ses bras un bel enfant à qui j'ai donné en supplément une pièce de un franc toute blanche, dont il a été ravi.

Quel parti notre cher pays de France pourra tirer d'un sol pareil et d'une population aussi maniable, dès que notre pauvre gouvernement saura avoir une politique coloniale !

Dureau et moi nous avons laissé là un instant nos compagnons et nous avons pris, chacun de notre côté, un sentier se dirigeant vers le fleuve. En chemin, nous avons rencontré des indigènes, portant sur leurs têtes des billes de bois d'ébène et d'autres denrées du crû pour Vohémar. « Bzou, msieu » (bonjour, monsieur), nous disaient-ils en passant. Arrivés au bord du fleuve, l'eau était si peu profonde, la grève de fin gravier, en pente douce, si engageante, que nous n'avons pas résisté à la tentation de faire nos ablutions. Puis nous sommes revenus très fiers de notre escapade, sans avoir aperçu la tragi-comique silhouette d'un Fra Diavolo, ni le museau du moindre crocodile.

Au retour, la nuit commençait à se faire et la lune se levait à l'horizon. — C'est l'heure où les oiseaux sauvages prennent leur gîte pour la nuit. Tout à coup la solitude s'est animée d'une vie intense. Nous avons vu passer par-dessus nos têtes je ne sais combien de vols de canards sauvages. Tous les buissons, tous les arbres retentissaient du chant des oiseaux.

Le commandant Mantin a tué un petit martin-pêcheur extrêmement joli, aux couleurs resplendissantes. Nous nous sommes chargés d'emporter la peau préparée à sa fiancée, à Bourbon. M. Mantin est fiancé à une charmante jeune personne, fille de mon vieil ami Victor Bellier, petite-fille de M. Adrien.

Nous sommes rentrés au fort vers les huit heures; un excellent dîner nous attendait, mais je n'y ai pas touché, ayant très bien déjeuné le matin et ne pouvant pas faire deux repas par jour.

Après dîner nous nous sommes tenus un instant au frais, au clair de lune. Quelle nuit splendide! Quel climat! Jamais nous n'oublierons cette journée. Au lieu de ce récit à la course, j'aurais voulu vous faire part de toutes les émotions dont mon âme a été saisie. — Mais il faut se coucher, quoique je ne sois vraiment pas fatigué. Je compte compléter cette lettre demain à Vohémar.

Vohémar. Samedi 24 octobre 1885, 4 h. après midi.

Mes bien-aimés, me voici avec mes vingt kilomètres de route, un bon déjeuner et je ne sais combien de visites sur la conscience. — Sur ces vingt kilomètres, j'en ai fait treize à cheval, sur une grande mule du Poitou, au trot, et sept en filanzane*. Dans mes trente kilomètres d'hier, il faut compter une vingtaine à cheval sur la même mule et sur un grand dada de cheval de gendarme, et une dizaine dont moitié à pied, moitié en filanzane. De tous les modes de locomotion en usage en ce bas monde, le plus odieux est assurément le filanzane. Dans ou sur mon filanzane, je n'ai jamais réussi à me tenir ni assis, ni debout, ni couché. Le filanzane devrait être un fauteuil dans le genre de ceux de Cilaos, mais ce n'est pas du tout cela! Somme toute, nous avons parcouru une cinquantaine de kilomètres hier et aujourd'hui aux environs de Vohémar. Le pays est décidément fort beau.

Je ne sais à combien de milliers évaluer les bœufs que nous avons rencontrés en troupeaux sur notre route.

* Sorte de chaise à porteurs.

A bord du Bisson *au port de la Nièvre, Diego-Suarez.*
Lundi 26 octobre, 4 h. 1/2 matin.

Nous avons eu hier soir une petite alerte. Au moment où nous sortions de table, à bord de la *Dordogne,* chez M. le commandant Caillet, commandant supérieur de Diego-Suarez, on a entendu quelques coups de fusil à terre. — Vite branle-bas de combat à bord de la *Dordogne,* échange de signaux avec la terre. Nous regagnons notre *Bisson* avec le commandant Poudra.

Le commandant Caillet descend avec sa compagnie de débarquement pendant que le *Bisson* fait aussi branle-bas, met sa compagnie de débarquement sur pied et braque ses canons en attendant les ordres du commandant supérieur. Nous avons été ainsi tenus en haleine jusqu'à onze heures et demie. A ce moment M. Caillet nous a fait dire que ce n'était qu'une alerte. Si les Hovas devaient ou doivent attaquer nos positions à Diego-Suarez, quel dommage qu'ils ne le fassent pas pendant que nos forces sont doublées par la présence du *Bisson* à côté de la *Dordogne!*

Toujours est-il que ladite alerte a modifié nos plans pour ce matin. Nous devions aller avec les deux commandants, la chaloupe à vapeur et un petit détachement visiter la rivière des Maques et la plaine verdoyante qu'elle arrose. On la voit dans le lointain, au fond de la baie.

Nous devions partir à quatre heures, mais les hommes de la *Dordogne* ayant été sur pied toute la nuit, on ne peut, dans un but de simple curiosité, leur imposer, ce matin, une nouvelle fatigue. Le commandant nous a fait dire que nous irions moins loin, et que nous nous mettrions en route au point du jour.

Je n'ai pas pu consigner hier sur le papier mes impressions quotidiennes, tant la journée a été remplie. — A Vohémar non plus, je n'ai pas pu avant-hier terminer le récit de la journée; je le reprends à notre départ d'Amboanio, samedi, à cinq heures et demie du matin. Après deux heures de marche au milieu de prairies où paît un nombreux bétail, nous retrouvons le cours du Manambéry, en amont du point où nous l'avons passé la veille. Le fleuve est assez large, l'eau courante, les rives bordées d'un taillis où s'élèvent çà et là de grands arbres, dont les branches se rejoignent presque d'un bord à l'autre. C'est tout à fait l'aspect de nos jolies rivières de France. Il faut traverser à gué. Mais on a un peu peur des crocodiles. Pour les éloigner on fait du bruit, on jette des pierres à l'eau, on s'avance en la battant à coups de gaules. Au milieu, nos porteurs ont de l'eau jusqu'au col, et portent à bout de bras filanzanes et paquets. Les chevaux perdent pied et vont à la nage. Nous atteignons enfin l'autre rive sans encombre. Aucun de nous n'a été happé.

Nous sommes sur le territoire d'un petit chef qui vient au-devant de nous et nous prie de visiter sa case. Il nous reçoit le mieux qu'il peut, nous fait asseoir, nous présente sa femme, qui tissait une jolie rabane*. Il nous charge de dire aux chefs de France « que les gens du pays sont bien « contents de l'expulsion des Hovas, oppresseurs « et voleurs ; — et qu'il faut que les Français ne « quittent plus le pays. » En signe de bonne amitié il nous fait cadeau d'un bœuf, et ajoute, avec un fin sourire : « Je vois que vous seriez un « peu embarrassé si vous étiez obligé de le mettre « dans votre poche. Mais c'est rendu à bord du « navire que je vous le dois. »

Je ne voulais pas rester à court de politesse. J'ai profité d'un moment où le brave homme causait avec mes compagnons pour ouvrir furtivement mon porte-monnaie et en retirer quel-

* Étoffe faite avec la fibre d'un palmier.

ques pièces d'or. « N'en faites rien, me dit à l'oreille l'interprète, M. Hippolyte, ce serait le blesser... Tantôt..., tantôt !... nous repasserons par ici. »

Nous avons quitté l'aimable indigène avec force poignées de main. Tout de suite M. Hippolyte m'a mis au courant de la civilité locale. Il ne faut pas avoir l'air de payer ou de rendre. Il faut faire un cadeau spontané qui ne dépasse pas la valeur de celui qu'on a reçu. Cinq francs en argent c'est déjà beaucoup pour un bœuf, à cette distance de Vohémar (une quinzaine de kilomètres). — Une pièce d'or de cinq francs est une largesse royale. L'or est sacré.

Donc, nous avons visité le village, nous nous sommes un peu promenés, puis, reprenant notre route, j'ai offert, en souvenir, une petite pièce d'or. Grande joie ! M. Hippolyte avait raison. La pièce d'or sera percée et ornera l'oreille du fils aîné. Les pauvres gens sont si contents qu'ils ajoutent, au cadeau du matin, un grand panier de lait, de légumes et de bananes. Par bonheur, j'ai trouvé moyen de glisser une seconde petite pièce dans une dernière poignée de main. De sorte que le vasaha (l'homme blanc) est resté vainqueur dans cette lutte de prodigalités. — Naturellement, nos victuailles, y compris le bœuf, ont été distribuées à l'équipage du *Bisson*.

Pour rentrer à Vohémar nous avons encore traversé de grandes prairies, qui s'élèvent d'ondulation en ondulation jusqu'au fortin d'Ampassibasine. Cette position, d'où les Hovas ont été chassés, domine la ville. M. Prouteaux y maintient un petit détachement d'infanterie. Le logement, fort bien conditionné, a été construit par nos soldats. Le moral de la troupe est excellent.

Ah! pourquoi, au lieu de Dureau et de moi, pourquoi n'est-ce pas tel ou tel de nos collègues anti-coloniaux, ou quelque journaliste puissant, qui voie toutes ces choses!

Non loin du fort, dans un pli du terrain, entre deux collines herbeuses, est la source d'un joli ruisseau que M. Prouteaux se propose de conduire à Vohémar. — A peu de distance est installée une briqueterie, dirigée par un lieutenant des volontaires de Bourbon.

Enfin, tout près de Vohémar, une dernière prairie, absolument plane, entourée de collines en amphithéâtre. Je me figure que ce sera le champ de courses lorsque Vohémar, débouché d'une si riche province, sera devenue une grande ville. Pour le moment, cette prairie, extraordinairement touffue, est un charnier. Les pieds de nos chevaux se heurtent à chaque pas à des tas d'ossements. C'est le champ d'équarrissage. C'est là qu'on tue les bœufs pour en avoir la peau quand l'exportation des animaux vivants se ralentit. On fait sécher la peau. Tout le reste, la viande, les os, les cornes, le suif, les viscères, est abandonné aux oiseaux de proie et à la pourriture.

Vous entendez bien, n'est-ce pas, Français, mes frères!

Il y a un pays où les animaux de boucherie et de basse-cour, le gibier, les grains nourriciers, en un mot tout ce qui est nécessaire à la vie, pousse à profusion, à ne savoir qu'en faire. Il y a dans ce pays des pierres précieuses, de l'or, et, ce qui vaut mieux, du bois, de la houille, du fer, des quantités de matières premières, que nous ferions bien de prendre là, chez nous (comme fait l'Angleterre dans ses colonies), au lieu de rester tributaires de l'étranger. Ce pays, plus grand que la France, est à peu près vide d'habitants (deux millions cinq cent mille), et pourrait nourrir une population de quarante millions d'âmes. Les naturels sont doux, intelligents, assimilables, dévoués. De vastes espaces sont inoccupés. Ils attendent nos émigrants *, que nous laissons se

* Le nombre d'individus qui émigrent de France et se perdent dans le monde entier dépasse trente mille par an. C'est une mortelle déperdition de sang et d'or. La France finira par en être épuisée si elle ne se décide pas à utiliser ces émigrants en les dirigeant sur ses colonies nouvelles.

perdre dans le monde entier; nos souffreteux, nos
pauvres sans feu ni lieu, sans pain; nos misérables
que la lutte pour la vie élimine et étouffe, ou dé-
classe et pousse au crime sur notre vieux sol
d'Europe trop encombré. Ce pays à peu près
inexploité, encore tout neuf, ce sol vierge, est à
nous depuis plus de deux cents ans. Il nous ap-
partient, il est notre propriété. La négligence ou
l'impéritie de nos gouvernants a failli nous le
faire perdre. Allons-nous le lâcher aujourd'hui?

Céderons-nous au *compelle exire* qu'exercent
sur nous les moralistes austères des sociétés bibliques de Paris, poussés eux-mêmes par les
sociétés mères de Londres, dirigeantes et subven-
tionnantes. Ils trouvent dommage qu'un si beau
domaine, qui ferait si bien l'affaire de l'évangé-
lique et vertueuse Albion, nous soit resté. Nous
ne le méritons pas, selon eux, étant quelque peu
catholiques, voire indifférents ou libertins en
religion, et pas du tout mômiers.

. . . .

Nous sommes partis de Vohémar pour Diego-
Suarez le samedi 24 octobre, à six heures du
soir. Nous avons dit adieu au commandant Prouteaux, en souhaitant pour la France que ce
patriote, cet administrateur, ce vaillant officier

soit laissé longtemps à la tête de notre colonie de Vohémar.

Le lundi 26, à neuf heures du matin, nous sommes arrivés à Diego-Suarez. L'entrée de la baie est large de huit cents mètres environ. A peu près au milieu est un îlot relié à la côte nord par des hauts-fonds, de sorte que la passe se trouve au sud de l'îlot, et réduite à une largeur de trois cents mètres environ. Quelques torpilles et quelques batteries la rendraient inabordable. Dans l'intérieur de la baie, en face de l'entrée, l'île aux Aigrettes; plus loin, le cap Diego. Des fortifications sur ces hauteurs compléteraient le système de défense.

L'immense baie de Diego-Suarez, abritée de tous côtés, profondément dentelée, contient plusieurs baies plus petites et de nombreuses rades, dont cinq principales : baie du Tonnerre, baie des Cailloux blancs, baie du Sépulcre, port de la Nièvre, Cul-de-Sac Gallois, baie des Français. Laissant à sa droite la baie du Tonnerre, à sa gauche la baie des Français, le *Bisson* s'est dirigé tout droit sur le port de la Nièvre et a jeté l'ancre à côté de la *Dordogne*, gros transport-ponton affecté au service de Diego-Suarez depuis le mois de juin dernier.

La baie de Diego-Suarez n'est pas au-dessous de sa renommée. Cette position célèbre est réellement splendide. L'aspect des terrains qui l'entourent est très varié. Dans le nord et l'ouest, des mamelons dentelés, ressemblant aux ruines de vieux châteaux forts, Windsor Castle, Dower Castle (j'espère qu'on ne leur laissera pas ces noms anglais). Au sud, ce sont des plateaux superposés, de vastes prairies qui s'élèvent en pente douce jusque vers la montagne d'Ambre, couverte de forêts. Dureau, Pierre Parent et moi, nous ne pouvions nous lasser d'admirer ce paysage qui nous rappelait le riche spectacle des hauts de Saint-Louis, à Bourbon.

J'ai eu le plaisir de retrouver à Diego-Suarez un ami, M. le capitaine de frégate Caillet, commandant supérieur du nouvel établissement. M. Poudra l'a retenu à déjeuner à bord du *Bisson,* après quoi M. Caillet a eu l'amabilité de nous faire parcourir la rade dans sa baleinière, remorquée par un canot à vapeur. Nous avons remonté pendant une quinzaine de kilomètres le cours de la jolie rivière des Caïmans, dont les rives sont couvertes d'une épaisse bordure de palétuviers. Le palétuvier est un grand arbre qui pousse en abondance dans les terrains où se fait le mélange des eaux douces avec l'eau de mer, et que la

marée laisse à découvert. Ce bois est très liant,
très dur, presque incorruptible, très bon pour la
construction des navires et pour toutes sortes
d'ouvrages de charpente. C'est aussi un excellent
bois de chauffage.

Au retour de cette excursion, nous avons mis
pied à terre au village d'Antombouck ou Antsirane, composé d'une vingtaine de paillottes malgaches, abritant une population très pauvre, de
cent vingt ou cent cinquante habitants*. A
gauche du village, le casernement de nos soldats,
très bien conditionné, ici, comme à Vohémar et
à Tamatave. Ici également, l'esprit de la troupe
et des officiers est au-dessus de tout éloge. C'est
avec un vif plaisir mêlé d'orgueil patriotique que
nous leur avons serré la main.

Au-dessus du village s'élève un plateau qui
s'étend vers le sud. Sur le rebord du plateau,
deux fortins dominent le village et la rade. Nous
y avons vu nos soldats, joyeux et contents de
leur sort. A l'heure de notre visite, ils cuisaient
leur fricot dans de vastes marmites, sur un feu
bien flambant. On voit que l'on est dans un

---

* La France n'a gardé en propre, sur la grande terre, que Diego-
Suarez, dont elle fait une vraie colonie. La population aujourd'hui
(1891) s'élève à sept mille âmes, grâce à la sage administration du
gouverneur M. Froger. Ce résultat contraste avec ce qui se passe
dans le reste de Madagascar.

pays où la viande de bœuf n'est pas rare. Un caporal m'a offert de goûter à son *rata* de pommes de terre et de bœuf. Je l'ai trouvé très bon et je m'en serais régalé séance tenante, si nous n'avions dû nous rendre à l'invitation du commandant Caillet, qui nous a emmenés dîner à bord de la *Dordogne.*

A bord du Bisson, *en rade de Hell-ville Nossi-Bé.*
Mardi 27 octobre 1885, 8 h. 1/2 matin.

Mes bien-aimés, le commandant Caillet, après une nuit de veille passée à terre, est venu nous prendre hier vers cinq heures et demie du matin à bord du *Bisson.* Au lieu de notre grande excursion de la rivière des Maques, nous avons dû nous borner au cap Diego, qui est moins éloigné. La promenade, d'ailleurs, a été extrêmement intéressante. C'est là, sur le cap Diego, que devraient être placés, selon M. Caillet, les premiers établissements du futur arsenal : hôpital, casernements, fort, parc à charbon, etc., etc. — La ville marchande occuperait la place du village malgache que nous avions visité la veille, et les environs. — Au surplus, ce n'est pas la place qui manquera. — L'eau de l'aiguade d'Antsirane est excellente. On la voit sourdre du terrain sous un bosquet de gros manguiers. M. Caillet a en outre constaté, à proximité du cap Diego, d'abondantes sources d'eau vive.

Il n'y a encore rien de construit au cap Diego, sauf un petit quai en pierres, qui a été fait par un créole de Bourbon, sous la direction du commandant Caillet. Ce dernier a fait tracer, au milieu des brousses qui revêtent cette partie du terrain, un chemin qui a été exécuté par les canotiers de la baleinière. — Les bâtiments que nous avions visités la veille ont été faits par les hommes de la *Dordogne* et par la troupe au moyen des débris du transport l'*Oise*, naufragé en février dernier à Tamatave. Bref, on a tiré parti de tout, le mieux qu'on a pu. Oh! si la direction supérieure venue de France avait été meilleure, si l'on n'avait pas entravé la bonne volonté de nos agents à Madagascar, tout aurait été terminé il y a longtemps. Mais non! nos hommes d'Etat ont mieux aimé laisser les Hovas se fortifier, et ils se sont peu souciés d'encourager nos agents. Ces derniers ont eu bien du mérite à ne pas jeter le manche après la cognée.

Le cap Diego présente une curiosité naturelle assez remarquable. C'est une caverne ou grotte de stalactites placée presque au sommet du cap et dans laquelle il y a des squelettes. On dit que ce lieu est en vénération aux alentours et qu'on ne saurait, sans froisser les indigènes, enlever ces ossements.

Nous sommes partis de Diego-Suarez hier, à neuf heures et demie du matin, et nous sommes arrivés à Nossi-Bé vers...

Nossi-Bé. Mercredi 28 octobre.

Mes bien-aimés, comme vous le voyez, notre conversation d'hier matin a été brusquement interrompue. Selon ma coutume, je n'ai pas voulu me faire attendre quand on m'a annoncé que la baleinière du commandant était prête à nous conduire à terre. Il était environ neuf heures du matin. Nous étions arrivés vers sept heures et demie à Nossi-Bé.

Dès le petit jour, c'est-à-dire avant cinq heures du matin, j'étais habillé pour jouir du lever du soleil au milieu de la quantité d'îles et îlots qui environnent dans le nord la grande terre de Madagascar. La vue des hautes montagnes dans le lointain complétait le spectacle grandiose qui se déroulait au fur et à mesure de la marche du navire. Nous avons doublé le cap d'Ambre, hier dans la journée, par un très beau temps. On a passé près de terre. Le cap d'Ambre présente l'aspect d'une falaise calcaire peu élevée.

La rade, le port naturel de Nossi-Bé fermés presque de toutes parts par l'île elle-même et par Nossi-Comba, la pointe d'Ankify, les rivages de Passandava et de Bavatoubé, sont choses remarquables. On ne comprend pas que notre gouvernement ait laissé un point si important de nos possessions dans un abandon systématique. Au point de vue du commerce, Nossi-Bé est déjà un entrepôt considérable. Quel développement il prendrait sous une impulsion intelligente et patriotique. Quant à l'aspect du pays, je ne peux vous le dépeindre qu'en vous disant que Nossi-Bé ressemble beaucoup aux Séchelles, mais en plus grand, plus beau, plus joli, plus pittoresque, plus intéressant de toutes façons. Nossi-Bé l'emporte sur les Séchelles à tous égards.

Comparé à Diego-Suarez, c'est plus charmant comme aspect. De l'avis des marins, Diego-Suarez est, au point de vue militaire, le lieu le plus propre à former un grand établissement naval. C'est mieux que Sydney, mieux que Rio-Janeiro, mieux que Sébastopol, mieux que Brest, Lorient, Rochefort, Cherbourg, Toulon. C'est une réunion de cinq rades magnifiques et de ports naturels dans les conditions qui auraient pu être rêvées par le génie d'un Richelieu, d'un Colbert, d'un Napoléon Ier. Le climat est bon, le pays aux alentours riche et salubre : c'est une perfection.

Diego-Suarez à l'est, Nossi-Bé à l'ouest de Madagascar, reliés l'un à l'autre par un canal de cinq ou six kilomètres qui mettrait le fond de la baie en communication directe avec le canal Mozambique, réaliseraient la conception la plus parfaite de deux grands établissements militaires et commerciaux se complétant l'un par l'autre et qui rendraient la France maîtresse de la mer des Indes.

A Nossi-Bé, comme à peu près partout dans ma traversée, j'ai rencontré des connaissances. Armanet, M. Bundervoët, M. Mézence, M. Martin, M. Hénault, M. Legras sont venus au-devant de nous à bord du *Bisson*. En descendant, Dureau, le commandant Poudra et moi nous sommes allés tout de suite faire visite à M. Le Maître, commissaire-adjoint de la marine, commandant de Nossi-Bé.

Il nous a fait très bon accueil et nous a invités à dîner pour aujourd'hui. Nous avons décliné cette invitation, espérant pouvoir partir ce matin même pour visiter la baie de Passandava et de Bavatoubé. — Le *Bisson* ayant à faire ici provision de charbon, M. Le Maître, afin de nous faire gagner du temps, a bien voulu envoyer une pirogue à la grande terre pour appeler la *Pique* et la mettre à notre disposition. On espérait que la *Pique* arriverait cette nuit et que nous partirions ce matin. Elle n'est arrivée qu'à midi, ayant été obligée d'attendre un convoi de malades à Ambadimadirou. Nous nous y embarquerons cette nuit à une heure du matin et elle nous ramènera demain dans la nuit à Nossi-Bé, d'où nous partirons vendredi pour Majunga. Tout cela vient d'être réglé d'un commun accord entre les commandants de la *Pique* et du *Bisson*, le commandant de Nossi-Bé, Dureau et moi. Pendant notre incursion à la grande terre, le *Bisson* achèvera d'embarquer le charbon dont nous avons besoin pour achever notre voyage autour de Madagascar et rentrer à Bourbon.

Après notre visite chez M. Le Maître, hier, nous sommes allés déjeuner dans une excellente petite auberge où les fonctionnaires non mariés de Nossi-Bé prennent leurs repas. Cet hôtel est tenu par un vieux citoyen de Bourbon, M. Hilarion Carême, cuisinier émérite, et par son excessivement colossale épouse, créole aussi de Bourbon. La table est très bonne, les chambres passables; nous y avons déjeuné et dîné hier, couché cette nuit et déjeuné ce matin.

Ce soir nous dînons chez M. et Mme Le Maître, qui ont eu l'amabilité de renouveler leur invitation du moment que nous ne pouvions plus partir aujourd'hui.

Nous avons fait visite aux fonctionnaires, Armanet, Bundervoët, Legras, au médecin de la marine et à quelques notables. — Dans la journée nous sommes allés causer affaires avec le commandant Le Maître. A quatre heures et demie, les colons français (créoles et européens) nous ont offert un punch au café de l'Orient sous la présidence de M. Mézence. Il y avait là plus de cent colons. L'état-major du *Bisson* était invité et a assisté à cette petite fête qui a été fort jolie; seulement, au lieu de punch, c'est du champagne *excellent* qui nous a été servi à flots. On a beaucoup tosté et en tostant on a parlé des affaires de Madagascar en général et de Nossi-Bé en particulier. Les témoignages de reconnaissance n'ont pas été marchandés aux représentants de Bourbon. Tous les fonctionnaires de la colonie ont été invités et sont venus, sauf le commandant. Un commissaire m'a expliqué, non sans quelque embarras, qu'on n'avait pas osé, qu'on ne savait pas s'il accepterait, qu'on avait craint de le gêner et de me gêner, en l'invitant. Cela m'a beaucoup affligé. J'aurais été d'autant plus heureux de voir

M. Le Maître à cette réunion qu'il est parfait pour nous, et, ce qui me touche bien autrement, sa politique est excellente, et il contribue au maintien de l'influence française à la grande terre. On lui doit, pour une large part, les bonnes dispositions des indigènes de la côte Nord à notre égard. Aussi n'ai-je pas manqué de lui porter un toste chaleureux, que toute l'assistance a accueilli par des bravos.

La réunion au surplus a été toute cordiale. La table était dressée dans une cour entourée de manguiers superbes, rappelant par la régularité de leur arrangement les plus majestueux bosquets de Versailles. Mais au lieu de la vue fort belle du grand canal, c'est une échappée sur la mer que nous avons ici, et, en vérité, c'est encore plus grand et même plus solennel que Versailles.

. . . .

Le sol de Nossi-Bé est très fertile. La principale industrie est le sucre. Le café, la vanille, viennent très bien. La presque totalité des produits est envoyée en France, et presque tout ce qui se consomme d'objets d'Europe vient de France. Nossi-Bé fait un commerce d'échanges assez important entre la grande terre de Madagascar, Bourbon, Maurice et l'Inde.

Il y a à Nossi-Bé une maison de commerce allemande. Elle possède une des sucreries de l'île. Elle ne s'occupe, en apparence au moins, que de ses affaires, mais personne ici n'est mieux renseigné qu'elle sur la politique coloniale de la France. J'en ai eu un exemple aujourd'hui même. A table, à l'hôtel, on avait causé des mauvais procédés de l'Angleterre; c'est la conversation quotidienne. J'ai donc raconté comment M. Duclerc avait refréné la morgue et réduit à leur juste mesure les prétentions anglaises, dans une fière dépêche insérée au *Livre jaune*. — Un employé de la maison allemande prend ses repas à l'hôtel Hilarion. Dans la journée il vint me dire que son patron tenait à ma disposition le *Livre jaune*. Aussitôt paru, son correspondant de Paris lui en avait envoyé un exemplaire. Je déclinai cette offre et j'en causai avec le commandant Le Maître. « Je le sais, me dit-il, cette maison reçoit de France et d'ailleurs tous les documents possibles, toutes les informations imaginables. »

En revanche, nos agents, à nous, sont loin d'être aussi favorisés. Le gouvernement n'a même pas songé à envoyer le *Livre jaune* au commandant de Nossi-Bé.

Jeudi 29 octobre.

Ce matin à quatre heures j'étais debout. J'ai employé mon temps à arpenter les rues de Hell-ville*, toutes plantées de manguiers magnifiques chargés de fruits. J'ai vu le joli petit marché de la ville fort bien tenu, où les femmes malgaches de la campagne viennent vendre leurs légumes, brèdes de toutes sortes et tomates, quelques poules et canards, des œufs et de la viande de bœuf en quantité.

Chemin faisant, j'ai rencontré notre compatriote Bundervoët, qui est l'un des hommes les plus sympathiques et les plus simplement honnêtes et bienveillants que je connaisse. Il m'a offert de me conduire au village indien qui est à une demi-heure de la ville européenne. J'ai accepté. Nous avons prié M. Legras, que nous rencontrâmes au même instant, d'aller faire lever Dureau, et tous quatre nous avons fait ensemble cette excursion, l'une des plus intéressantes de mon voyage. Le village est tout à fait oriental. C'est une petite ville de deux mille cinq cents Indiens, originaires de Bombay pour la plupart. Ils font

---

* Du nom de l'amiral de Hell, gouverneur de l'île Bourbon, qu a fait l'annexion définitive de Nossi-Bé et de ses dépendances à la France en 1841.

tous le commerce de transit entre l'Asie, l'Afrique
et Madagascar. Il se brasse là de très grandes
affaires. L'un de ces marchands, un vieil Indien
musulman, au visage vénérable, nous a priés d'entrer chez lui. En échange de ce grand honneur, il
m'a fait cadeau d'un petit flacon d'essence de rose
que je destine à petite mère. J'avais grande envie
de refuser ou d'essayer d'offrir un autre cadeau
pour ne pas rester en arrière. On m'a dit que ce
serait le blesser mortellement. J'ai donc accepté,
avec force salamalecs, le flacon d'essence de rose,
Mais en repassant devant le magasin, une demi-
heure après, j'ai acheté quatre petits vases en
cuivre battu, fort jolis. J'en destine deux à Flo,
deux à reine Jeza.

La population indienne de ce village est extrêmement belle, les enfants aussi jolis qu'il soit
possible d'imaginer. Les serviteurs sont des Ma-
couas, des Mozambiques. Les femmes de ces derniers sont habillées avec une certaine recherche,
d'étoffes bariolées, et portent des coiffures dont
la confection doit exiger bien des heures. Leurs
cheveux sont tressés en une multitude de petites
nattes, artistement groupées.

Les maisons sont bâties en pierres, à toits plats
avec des terrasses. Les murs, extraordinairement
épais, sont constamment blanchis à la chaux. Les
fenêtres, étroites; les portes, très lourdes, très

massives. Quelques-unes sont ornées de sculp-
tures, d'arabesques finement ouvragées.

A bord de la canonnière la Pique, en rade d'Ampasimiène,
village capital de Sa Majesté Binao.

Jeudi 29 octobre 1885, 1 h. 1/4 après midi.

... Nous avons dîné hier chez le commandant Le
Maître. Parmi les convives il y avait nos compatriotes Armanet, Bundervoët, Legras. Ce dernier
est poète et musicien. On a fait de la musique
après le dîner qui a été fort distingué. Legras a
chanté diverses pièces de sa composition, en
créole : *Nounoute, Hein-Hein,* une complainte.
Mme Le Maître et le commandant Poudra tenaient
le piano. Nous avons fêté un jeune lieutenant
d'infanterie de marine, M. Quiquandon, qui venait
d'apprendre la naissance de son premier enfant,
là-bas, en France, en Auvergne. Notre pensée a
traversé l'espace pour porter au cher petit Français nouveau-né les souhaits que de bon cœur
nous formions pour lui. Soirée charmante! Quelle
aimable et gracieuse hospitalité! On ne se fait
aucune idée en France de la vie coloniale, ou,
pour mieux dire, on s'en fait bien des idées
fausses. J'aurais donné quelque chose de bon
pour que le Diable boiteux voulût bien, d'un

coup de sa béquille, transporter à Hell-ville quelques Parisiens du meilleur monde allant en soirée. Certes, ils n'auraient pas eu lieu de s'en plaindre. Ils auraient trouvé ici, chez des hôtes de la plus parfaite distinction, un courtois accueil, une société pareille à celle de France, élégante, spirituelle, cultivée, une conversation agréable et variée, rehaussée d'un sincère accent de patriotisme, et ils auraient fait cette découverte que les anciennes colonies françaises ressemblent joliment à la France et que le génie unitaire de notre nation saura tout aussi bien modeler à l'image de la France ses colonies nouvelles.

Ils auraient vu aussi qu'il y a, n'en déplaise à nos détracteurs, de bons et dévoués fonctionnaires coloniaux, mais que ce qui leur manque, c'est la bonne direction d'en haut.

Vers minuit nous sommes rentrés à bord du *Bisson* pour prendre nos costumes de voyage. Nous avons transbordé sur la *Pique,* et à une heure du matin nous sommes partis de Nossi-Bé. M. le commandant Bellue, de la *Pique,* a transformé son appartement en dortoir, et à cinq heures du matin nous arrivions à Amboudimadirou, chez M. le commandant Pennequin, de l'infanterie de marine.

.　.　.　.　.　.　.　.　.　.　.　.　.　.

En débarquant à Amboudimadirou (ce qui veut dire : sous le Tamarinier), nous avons été reçus par M. le commandant Pennequin et par M. le capitaine Marmet, le même dont j'ai envoyé une lettre à Milo par la dernière malle. En ce moment la compagnie des Sakalaves était à l'exercice ; nous les avons passés en revue avec orgueil ; je résume mes impressions dans cette formule : la prestesse française unie à la précision germanique. Ces hommes, au nombre de quatre-vingt-dix-huit, n'ont que neuf mois d'instruction. Ils sont superbes. Les caporaux et les sergents indigènes commandent en français ; les hommes ont des fusils transformés 1866. Ils les manient avec une adresse admirable. Le défaut de ces fusils est que la baïonnette est mal assujettie. Quand on tire à la baïonnette, celle-ci se détraque et part quelquefois avec le coup, et quand la troupe est en carré son armement est ainsi défectueux.

Même jour.

Nous avons visité le fort, les casernes, les jardins. Ce que le commandant Pennequin et ses collaborateurs ont fait avec des moyens presque nuls est inimaginable. Et notre ami G. P. dira toujours que le Français n'a pas le génie de la colonisation ! Il est vrai que M. Pennequin y est

de sa poche; ayant été obligé de réclamer de sa
troupe un travail excessif, il a cru devoir améliorer l'ordinaire. Ç'a été une dépense de quinze
cents à deux mille francs. Chacun raconte ici
que le commandant a été blâmé et la dépense
laissée à sa charge. On raconte que M. Bellue a
dû, lui aussi, contribuer de ses deniers person-
nels à la bonne marche du service. Mais le plus
fort en ce genre, c'est ce qui m'a été dit à Vohémar. Un pauvre petit soldat au lit de mort de-
manda au commandant Prouteaux de lui faire
faire un enterrement religieux. M. Prouteaux
n'est pas un clérical, tant s'en faut. C'est un pro-
testant libéral. Il n'a pas hésité à faire appeler le
missionnaire catholique. Celui-ci, extrêmement
pauvre, n'avait pas de drap mortuaire. On en a
fait un avec quelques mètres d'étoffe noire et
blanche, achetée dans les boutiques de Vohémar. La dépense, dit-on, a été laissée pour
compte à M. Prouteaux.

J'ai entendu beaucoup de choses qu'il serait
trop long de transcrire, mais qui ne sont pas
tombées dans l'oreille d'un sourd. Ma mémoire,
qui reste très sûre, les retiendra.

*   *   *   *   *   *   *   *   *   *

Chemin faisant, nous avons rencontré un beau

gars que M. Pennequin nous a présenté. C'est un convalescent du combat d'Andampi*, où il a eu l'œil gauche crevé d'un coup de feu. C'est un brave, nous dit M. Pennequin. — « Ah ! oui, riposte l'indigène, si Français pas braves, ce jour-là, Sakalaves tous f... Si Sakalaves pas braves, Français tous f... »

Nous avons bu du vermout et de l'eau, au fort, puis, en redescendant à la plage, nous avons vu quelques femmes qui venaient de jeter la seine. Elles ont ramené en un instant une assez jolie quantité de poisson.

Nous nous sommes embarqués sur la *Pique* à neuf heures. Le commandant Bellue nous a donné un excellent déjeuner, et nous sommes arrivés, en longeant la côte, vers les onze heures, à Ampasimiène, chez la reine Binao.

Nous avons fait visite à cette jeune et noire Majesté. Elle était assise sur un petit lit. A côté d'elle, sa jeune sœur Cavy (ce qui veut dire : anneaux dorés), au milieu d'une grande pièce de

---

* A Andampi, le commandant Pennequin avec soixante-quinze Sakalaves et cinquante Français, M. le capitaine Marmet et M. le lieutenant X... ont mis en pleine déroute une colonne hova de douze cents hommes commandée par le colonel anglais Shewington, et munie de canons. Dans la poursuite, il perdit deux hommes : ces derniers furent mutilés et leurs têtes portées à Tananarive pour le triomphe du colonel.

sa case. Toutes deux vêtues assez simplement
d'étoffes bariolées drapées autour de leur corps,
les cheveux tressés en tête de loup, le visage
assez joli et ne manquant pas de distinction. On
a causé par interprètes et parlé d'une affaire liti-
gieuse qu'elle a avec M. Moreau, à Nossi-Bé, à
propos d'un terrain où ses ancêtres sont enterrés,
affaire que le commandant Le Maître a tranchée
en faveur de Binao, après avoir donné à M. Moreau compensation par ailleurs. Justice, équité,
bonne politique, se rencontrent dans ce jugement dont Binao est enchantée. M. Le Maître a
voulu que j'eusse le plaisir de lui en donner la
nouvelle.

En quittant notre royale sujette, je lui ai fait
cadeau de ma lorgnette et j'ai donné deux petites pièces d'or de cinq francs à son jeune frère
Calou. On s'est séparé en échangeant des poignées de main. La sœur de Binao, assise à côté
d'elle, avait la figure barbouillée de je ne sais
quelle poussière, pour se préserver de la mi-
graine. Le Sikidy, sorcier, était assis au pied du
lit, par terre.

Binao m'a répété, à diverses reprises, qu'elle
avait été bien contente de donner des soldats à
M. Pennequin et qu'elle regrettait que l'on n'en
eût pas accepté un plus grand nombre, pour

mieux battre les Hovas et en finir avec eux. Il y
a plus de bon sens dans ces quelques mots d'une
petite sauvagesse que dans les couardes combi-
naisons de nos hommes d'État.

Les ministres et les gens de la cour, hommes
et femmes, assis, accroupis dans un coin de la
salle de réception.

Quant au pays, il est fort beau. C'est un enchantement que cette escale de Nossi-Bé et ce
voyage dans la baie de Passandava. M. Pennequin et ses compagnons sont émerveillés des
territoires circonvoisins qu'ils ont visités jusqu'à
quatre-vingts kilomètres de la mer. Les terrains
que nous voyons en longeant la côte sont en
partie dénudés pour la culture du riz; le plus
souvent couverts de brousses ou de forêts. La côte
est en général montueuse et s'élève d'étage en
étage, jusqu'aux grands sommets qui bornent
l'horizon au sud.

Les bœufs que nous avons vus à Amboudimadirou sont plus beaux que ceux de Tamatave et
de Vohémar. Nous en avons mangé d'excellents
biftecks à déjeuner.

J'oubliais de vous parler de la température; je
n'ai pas encore eu réellement chaud à Madagascar. En ce moment il fait frais. Cette après-

midi, nous visiterons la fameuse baie de Bavatoubé, où existent des gisements de charbon de
terre.

J'ai ramassé sur la plage, à Ampasimiène,
deux fragments assez curieux de grès cloisonnés.
On en pourra faire des encriers. J'en destine un à
mon collègue de Lanessan. Je m'aperçois que la
côte devient de plus en plus intéressante à exa-
miner. J'interromps donc ici notre conversation
et j'emprunte la lorgnette de Dureau, ayant
donné la mienne à Binao. Quoique je n'aie plus
le mal de mer, il m'est toujours assez difficile
d'écrire à bord. Quant à ma santé, elle est éton-
nante. Je ne ressens ni fatigue, ni lourdeur, ni
paresse. Je ne dors guère plus de quatre heures
sur vingt-quatre, et je reste alerte tout le temps,
quand je vois les autres fatigués de notre rapide
tourbillon.

A bord du Bisson, *en rade de Hell-ville.*

Jeudi 29 octobre 1885, 9 h. soir.

Nous voici de retour à Nossi-Bé, d'où nous
partirons demain matin à cinq heures, n'empor-
tant que de bons souvenirs de cette colonie trop
méconnue en France, et trop délaissée. Hélas! la
France ignore les choses lointaines. Ses posses-

sions, nos hommes d'État les dénigrent et les
dédaignent. Ah! si la France savait!

La fin de notre journée a été consacrée à la
baie de Bavatoubé. Nous y avons visité les affleu-
rements de houille dont M. d'Arvoy avait commencé autrefois l'exploitation. M. d'Arvoy, Français, a été assassiné par les Hovas, à l'instigation
des missionnaires anglais, au lendemain de la
guerre de Crimée; la plupart de ses ouvriers ont
été massacrés, ceux qui ont échappé au massacre
ont été vendus comme esclaves, et le gouverneur
anglais de Maurice a transmis à la soi-disant reine
de Madagascar les félicitations du gouvernement
anglais, *pour la victoire de Sa Majesté la reine de
Madagascar sur les Français.* Depuis, la mine a été
abandonnée, mais peu de temps avant les événements actuels, MM. Parrett et Pickersgill, agents
anglais, ont exploré les gisements, en compagnie
d'officiers hovas. Quel dommage que les intrigues des méthodistes aient fait contremander la
mission d'exploration que M. Félix Faure, sous-
secrétaire d'État, avait confiée à l'ingénieur des
mines, M. Debette, mis à sa disposition par le
ministère des travaux publics!

Nous avons recueilli quelques échantillons de
houille, d'anthracites et de lignites affleurant le
sol d'une falaise peu élevée. Nous avons aussi

recueilli sur la plage quelques spécimens assez curieux de grès cloisonnés.

La baie de Bavatoubé est remarquablement belle, mais moins grande que celle de Diego-Suarez; un goulet étroit y donne accès. Elle renferme plusieurs mouillages excellents. Les collines qui l'entourent sont fertiles pour la plupart et couvertes de bois, sauf les espaces réservés à la culture du riz de montagne.

M. Bellue, commandant de la *Pique,* a été parfait pour nous. Quel vaillant officier! patriote, dévoué à son service! M. Bellue a pour second M. Durrande, lieutenant de vaisseau, à qui j'ai remis les lettres du vénérable aumônier de Saint-Cyr; nous avons bu à la santé de l'aumônier à déjeuner et à dîner.

. . . .

Avant de regagner notre *Bisson,* ce soir, nous avons fait une dernière visite au commandant et à Mme Le Maître, pour les remercier de leur excellent accueil. Le commandant nous a accompagnés dans toute notre excursion à la grande terre. Il a été parfait pour nous et je lui en conserve une sincère gratitude. Puisse-t-il, pour le bien de la France, être maintenu longtemps dans les fonctions de gouverneur de nos établissements du nord de Madagascar.

A bord du Bisson, *en mer.*

Vendredi 30 octobre 1885, midi 1/2.

Nous voici en route pour Majunga. Nous avons quitté Nossi-Bé ce matin à cinq heures et demie ; nous serons à Majunga demain dans la matinée. En sortant du port de Hell-ville, nous avons longé une partie de la côte de Nossi-Bé que nous n'avions pas encore vue. Le pays est fort beau ; j'ai admiré des champs de canne qui m'ont paru être de la plus belle venue et dépendre de deux sucreries dont nous voyions les bâtiments dans le lointain. Puis on s'est rapproché des côtes de la grande terre. Nous avons passé devant l'ouverture de la baie de Bavatoubé, après quoi on a gagné le large pour piquer dans le Sud. — Quand reviendrons-nous vers le Nord, vers notre France où vous êtes, mes bien-aimés ? Ah ! il m'a fallu un bien grand dévouement à la chose publique pour ne pas renoncer au voyage de Madagascar qui a tant prolongé mon absence ! Et il me faut parfois du courage ou de la résignation pour ne pas me laisser abattre quand je songe au long temps que durera encore cette absence. — Et puis, que se passe-t-il là-bas ? Dans la situation politique qui devait résulter des élections nouvelles, n'est-ce pas une lourde faute de n'avoir pas été présent dès le début de la session?

Non, sans doute, car il était nécessaire que Dureau et moi nous fussions à même de voir de nos yeux, d'étudier sur place les événements de Madagascar. Cette étude nous donne raison encore plus que nous n'aurions pu le croire. Si l'on avait fait dès le début ce que le simple bon sens, la plus vulgaire sagesse conseillait, tout serait terminé. Aujourd'hui, il faudra un plus grand effort, mais la politique à suivre reste la même. De la netteté, de la décision à Paris, de façon à décourager les espérances et les intrigues des méthodistes, — et des encouragements au lieu d'entraves, à des agents du mérite de ceux dont je vous parle à chaque instant. Avec une politique pareille appliquée d'une main ferme, il n'y aurait pas besoin d'envoyer beaucoup plus de troupes de France. Les ressources de Bourbon et surtout celles de Madagascar même, bien utilisées et mises en œuvre, feraient le reste.

Samedi 31 octobre, 10 h. soir.

Mes bien-aimés, partis de Nossi-Bé hier à cinq heures et demie du matin, nous sommes arrivés à Majunga aujourd'hui à dix heures et demie.

Le commandant Poudra est allé tout de suite
faire visite à M. Wyts, capitaine de vaisseau,
commandant supérieur de Majunga. Le commandant Wyts n'a pas voulu attendre ma visite
et celle de Dureau. Il a dit que c'était à lui de
venir au-devant de l'ancien ministre de la marine
et des colonies. M. Wyts est un officier sorti des
rangs, le seul de son grade. Il est parfaitement
distingué. J'espère bien qu'on le nommera contre-
amiral, et je m'y emploierai de tout cœur, car il
le mérite hautement, quoique sur la question de
Madagascar ses opinions diffèrent beaucoup des
nôtres. Il est l'ami de Goblet et partage ses préjugés anti-coloniaux.

M. Wyts est donc venu nous voir à une heure
après midi. A trois heures, nous lui avons rendu
sa visite, et, de son bord, il nous a accompagnés à terre. Nous avons visité avec lui l'appontement, qui est un ouvrage remarquable, les
casernes, les ambulances, le tout de construction
française, malgré l'exiguïté de l'effectif. Puis
nous sommes allés au fortin et à l'ancien fort
hova, au plateau du gouverneur, où les Hovas
viennent nous attaquer de temps en temps.
M. Wyts dit qu'il ne craint rien de ces incur-
sions. Moi, je les trouve fort insolentes et je
m'en inquiète. Ah! nos ministres sont bien coupables, et notre honnête Brisson avec son idée

de *statu quo*, M. de Freycinet avec ses illusions,
M. Galiber avec sa hova-manie, ont commis une
lourde faute. — L'ordre général venu de Paris est
de rester dans l'inaction, de se borner à la défen-
sive, afin de ne pas gêner l'œuvre de la diplomatie.
Il en résulte des incidents curieux : à Amboudimadirou, M. Pennequin apprend par ses espions
qu'un corps nombreux de Hovas marche sur lui.
Il n'attend pas d'être investi. Il court, avec ses
soldats de marine et ses Sakalaves, au-devant des
Hovas, et les bat à plates coutures. Il est blâmé.
Ici, à Majunga, les détachements hovas se pro-
mènent dans la plaine. Un jour ils sont venus
à toucher la ville et ont mis des fagots au pied
de la maison du gouverneur, qu'ils ont failli in-
cendier. Une autre fois ils ont chipé, à travers les
jours de la palissade, des fusils en faisceaux dans
l'intérieur de la ville.

Une autre fois, ils ont enlevé et blessé un
factionnaire, qu'on leur a repris, il est vrai. A
Bavatoubé, on n'a pas permis à M. Debette
d'accomplir sa mission. Le tout, pour faciliter
les négociations. C'est une ingénieuse et nouvelle manière de guerroyer et de négocier que
nos méthodistes ont enseignée là à notre gouvernement : se faire petit, se montrer doux et
faible; oindre l'ennemi, ne pas le poindre. La
sagesse des nations se trompait!

Du fort, nous sommes revenus en ville par un bon chemin que les hommes du commandant Wyts ont tracé. Nous nous sommes arrêtés au cimetière européen, que M. Wyts entretient avec un soin pieux. Avant de réembarquer, nous avons passé en revue une escouade d'ouvriers créoles de Bourbon et de Sainte-Marie que le commandant a tenu à nous présenter et dont il est absolument satisfait. Les volontaires créoles, dont il était aussi fort content, ont été appelés à Tamatave pour fortifier la garnison de cette ville. On découvre saint Pierre pour couvrir saint Paul.

M. Poudra a invité M. Wyts à dîner à bord du *Bisson*. Demain matin nous partirons pour Marouway sur les canonnières la *Tirailleuse* et la *Redoute,* commandées par M. Lacourné et par M. Muller, lieutenants de vaisseau. Nous enverrons des coups de canon aux Hovas qui commencent, paraît-il, à savoir très bien nous les rendre. Puissions-nous leur faire le mal qu'ils méritent, dussé-je y laisser mes os. Il va sans dire que nous ne tirerons pas les premiers, puisque c'est défendu. Mais il se fait tard. Je vous embrasse, tout mon cher monde, comme je vous aime.

A bord du Bisson, *en rade de Majunga.*

Madagascar, dimanche 1ᵉʳ novembre 1885, jour de la Toussaint, 10 h. soir.

Quelle belle journée, mes très aimables! Nous avons un petit peu tapé sur les Hovas. Pour mon compte personnel, je leur ai envoyé cinq bons coups de canon : quatre avec le canon-revolver (Hotchkiss), du haut de la hune de la *Tirailleuse,* à mille huit cents mètres ; un avec une pièce de bronze de quatre-vingt-dix, à deux mille mètres, sans compter quelques coups de kropatschek à répétition, dans les feux de salve de la fin. Voici, au surplus, notre odyssée tout entière :

Ce matin, à six heures précises, nous sommes partis de Majunga et nous avons pris passage, Dureau, Pierre Parent et moi, sur la canonnière la *Tirailleuse,* accompagnés de M. le commandant Wyts, de M. le commandant Poudra, et de M. le commandant Romouil, de l'infanterie de marine. La *Tirailleuse* est commandée par un créole de la Martinique, M. Lacourné, officier très distingué. La seconde canonnière, la *Re-doute,* commandée par M. Muller, officier très distingué également et marié à une créole de Bourbon, a marché de conserve avec nous.

Nous avons remonté le cours de la Betsibouka ou de l'Ikoupa, superbe fleuve, plus grand que la Gironde à Pauillac. A une vingtaine de milles de Majunga, nous avons passé devant une batterie, ou plutôt devant trois batteries hovas, dont la plus grande a seize embrasures. Nous étions à trois mille mètres du bord de la rivière où sont établies ces batteries, et à deux ou trois cents mètres du bord opposé, formé par une île de palétuviers.

Les batteries dominent le cours de la rivière à une altitude de cent vingt-cinq mètres. Elles nous ont envoyé des boulets qui se sont perdus à un millier de mètres de nos canonnières. On leur a riposté avec les pièces de quatre-vingt-dix, et on les a fait taire. Un coup visé par M. Poudra a éclaté juste dans l'embrasure d'où l'on tirait sur nous.

A dix milles plus loin, nous nous sommes trouvés en face du village de Mahévarana*, défendu par trois batteries, dont deux sont casematées. Nous nous sommes approchés à mille mètres; c'est pendant qu'on se dirigeait sur le village que j'ai tiré mes cinq coups de canon. Je suis monté dans la hune pour tirer avec le canon-revolver. Pendant que nous étions le plus près, un obus

* Ce qui signifie *eau bonne*.

hova a passé au-dessus de notre canonnière et a éclaté dans l'eau, entre la *Redoute* et nous, à une cinquantaine de mètres à peu près. D'autres obus ont passé assez près de la *Tirailleuse* et de la *Redoute;* aucun ne nous a atteints. Et pourtant MM. les Hovas ont eu toutes facilités pour nous viser à leur aise, car nous avons mouillé à douze cents mètres de leurs batteries, et nous avons cessé le feu pendant notre déjeuner, afin de leur montrer qu'à notre départ nous ne battrons pas en retraite, mais que nous nous retirerons, selon notre bon plaisir. On a installé la table sur le pont, à l'arrière de la canonnière, et le commandant Lacourné nous a offert un fort beau déjeuner, que nous avons dégusté deux heures durant. Nous avons eu, en outre des hors-d'œuvre, du pâté de foie gras, des saucisses truffées, du pilau de riz, des salmis de canard, une superbe dinde, etc., de la confiture de coco et des mangues au dessert; bordeaux rouge, sauterne, champagne. Au moment où sautait la première bouteille de champagne, un obus hova est tombé à l'eau et a éclaté à dix mètres de nous. Ce fut leur coup le mieux visé, avec un autre qui a ricoché devant la *Redoute.* Pendant tout notre repas, ils nous ont ainsi canonnés sans succès. Après notre déjeuner, nous avons levé l'ancre et nous les avons gratifiés d'une canonnade et de feux de salve bien nourris. Je pense qu'ils n'ont pas été fâchés de nous voir partir. En descendant, nous nous sommes approchés à deux mille mètres d'Amboutoukeli et nos pièces ont de nouveau tonné. La plupart de nos coups ont bien porté, et je pense que l'ennemi a dû en souffrir considérablement. La maison de leur colonel a été criblée à voir le jour à travers. On ne pouvait pas mieux fêter la Toussaint.

Mais il faut avouer que la réputation d'excellents artilleurs de MM. les Hovas est quelque peu usurpée.

A quatre heures, nous étions de retour à Majunga, dont nous avons achevé la visite par la partie Est. Cette ville mérite une description détaillée, et notre situation inspire des réflexions que je tâcherai d'écrire demain. Ce que je dois dire dès maintenant, c'est que le commandant Wyts fait tout ce qu'il peut, entravé comme il l'est par les ordres de Paris.

Notre dernière étape a été une courte visite au Cercle des officiers. Nous y avons bu de l'eau glacée. La reine des Sakalaves de Majunga est venue nous y faire visite.

Le sol, autour de Majunga, paraît très fertile. On a détruit beaucoup d'arbres pour les besoins de la défense; mais il est resté entre la ville et le fortin un bosquet de manguiers les plus beaux, les plus majestueux que j'aie vus de ma vie. Nous avons abattu à coups de pierre quelques mangues vertes que nous avons mangées avec plaisir.

L'aspect de la ville de Majunga est agréable et original. Les maisons, de style arabe ou indien, à murailles épaisses, sont surmontées de terrasses et fort bien disposées pour garder une température fraîche, malgré la chaleur du jour. Les boutiques ressemblent à celles du village indien de Nossi-Bé.

J'ai acheté deux lambas à cent francs l'un, pour vous, mes chéries. Après cette importante affaire, nous sommes allés dîner à bord du *Forfait,* chez le commandant Wyts. Sur le pont d'embarquement, deux pères jésuites sont venus nous saluer. Nous avons échangé quelques paroles cordiales.

Comme tous les officiers que nous avons vus à l'œuvre, le commandant Wyts est très soigneux du bien-être de ses troupes et de leur moral qui, d'ailleurs, se maintient très bien, quoiqu'ils se plaignent, ici comme ailleurs, d'être laissés l'arme au bras. — A bord du *Forfait,* on a organisé des soirées musicales et littéraires. Il y a parmi les hommes de l'équipage et de la garnison des ménétriers et même de vrais musi-

ciens, qui ont formé un bon orchestre. Il y a des
matelots qui chantent la chansonnette comique,
voire des airs de grand opéra. Les plus instruits
récitent des scènes de comédie, des morceaux
choisis de nos poètes. La note gaie, la gauloi-
serie spirituelle n'en est pas exclue, mais toute
grossièreté est bannie ; ce qui domine, c'est la
note patriotique, les sentiments élevés. Nous
avons sincèrement complimenté le commandant
de la soirée à laquelle nous venons d'assister, et
c'est avec émotion et gratitude que nous lui
avons dit adieu.

Ce récit de notre journée est bien écourté. Le
temps me manque pour vous donner toutes mes
réflexions, toutes mes *observations*.

En mer, à bord du Bisson.

Jeudi 5 novembre 1885, 1 h. après midi.

Mes aimables chéris, que de jours sans vous
écrire depuis dimanche soir jusqu'à aujourd'hui.
Sans avoir le mal de mer, j'ai eu des malaises. De
là ma paresse à prendre la plume.

Nous sommes partis de Majunga le lundi
2 novembre, à neuf heures du matin. De ce moment-là jusqu'à ce matin huit heures, nous avons

navigué sans toucher terre. Nous avons d'abord longé la côte, puis nous avons pris la haute mer. Le lendemain du départ, c'est-à-dire lundi, nous avons eu un léger grain. Nous avons vu dans le lointain une forte trombe. C'était d'un très bel effet.

Ce matin, vers six heures, nous avons commencé à revoir la terre; à huit heures nous jetions l'ancre dans la rade foraine d'Andalande. Peu d'instants après arrivait à bord du *Bisson*, monté dans une pirogue malgache à balancier, un de nos compatriotes, M. César Pépin, qui habite cette côte depuis trente-cinq ans.

Nous avons voulu venir à Andalande parce que nous savions que c'était là que s'étaient réfugiés cinq Français de Bourbon qui, au début de la guerre, avaient été attaqués à Moroundava par les Hovas, avaient résisté héroïquement, avaient repoussé leurs agresseurs et s'étaient plus tard retirés sur cette pointe extrême à l'ouest du continent malgache. Andalande se trouve par 41° 12' de longitude est et par 21° 19' de latitude sud. (C'est la même latitude que Saint-Pierre.) Le village s'est formé par la venue de nos cinq compatriotes, accompagnés par des Sakalaves qui étaient leurs amis et qui n'ont pas voulu séparer leur fortune de la leur. Andalande est bâti sur le bord de la rivière Mouroulouha,

branche du Mangoki, laquelle branche sépare le
Ménabé du Féerègne.

Nos créoles y ont porté une industrie très intéressante : celle de la construction des bateaux.
Nous en avons vu trois sur les chantiers, et il y
en a de lancés. On les fait avec du bois de palétuvier, qui est abondant et excellent. Les naturels
se servent de pirogues à balancier, avec lesquelles
ils font de véritables tours de force. C'est très
merveilleux de voir ces frêles embarcations sauter
sur les lames et franchir les brisants.

Nous avons été reçus à terre dans la case de
M. César-Pépin, où les autres créoles sont venus
nous rejoindre : M. Louis Faber, de Saint-Denis.
M. Caltaux et M. Van den Berghe, de Saint-Pierre.
J'ai connu celui-ci enfant ; je l'ai soigné autrefois,
et il a témoigné une grande joie de me revoir.
M. César Pépin a plusieurs enfants : il est marié
à une femme sakalave ; ses fils sont de fort jolis
hommes.

Les chefs de l'endroit sont venus causer avec
nous. On a tenu Kabar sous la varangue de
M. César Pépin. Les trois chefs ont fait profession
de fidélité à la France de leur part et de la part
de leur roi Dian-Manangue qui habite l'intérieur
du pays. J'ai donné à ces chefs une pièce d'or de
dix francs pour le roi et trois de cinq (une pour

chacun d'eux). Ils en ont été ravis, l'or étant chose sacrée dans ce pays.

M. Pépin nous a donné un beau cabri pour provision de route. Le commandant Poudra a acheté des porcs, de la volaille à des prix fabuleux de bon marché (deux francs un cochon, cinquante centimes une poule).

Les officiers du bord ont fait cadeau à M. Pépin de plusieurs pains, de quelques bouteilles de vin. Le commandant a envoyé à Dian-Manangue quatre bouteilles de rhum.

M. Pépin m'a fait cadeau d'une queue de raie que je destine à Milo, qui s'en fera une belle canne. J'ai remis à M. Pépin une lettre de M. Guinet pour M. Léo Samat. — M. Samat est un des plus anciens pionniers de la côte ouest de Madagascar. Nous avons vivement regretté de ne pouvoir serrer la main à ce vaillant compatriote.

En arrivant ce matin à Andalande nous avons rencontré une goëlette anglaise qui avait, dit-on, pris un chargement dans le port hova, à six lieues au nord d'Andalande. Nos créoles nous ont raconté qu'il y a deux mois une goëlette anglaise, la même peut-être, a débarqué à Moroundava des munitions et un grand canon Krupp de huit pieds de long.

La France ne se reconnaît pas le droit de visite, même dans nos eaux territoriales, sur les navires

étrangers, qui font contre nous la contrebande
de guerre. Là-dessus, de même que sur beaucoup
d'autres choses, de Madagascar et d'ailleurs, j'ai
bien des réflexions à faire. Je ne suis pas ca-
pable de les suivre avec le malaise que me
cause le bateau, mais elles sont dans ma tête et
je ne les oublierai pas. Il y a en effet ample ma-
tière à critique sur la façon dont nos ministres
ont conduit les affaires de Madagascar.

Nous avons couru un certain danger en descendant à terre ce matin. Il faut franchir une barre
assez difficile, où la mer déferle avec assez de
force. Au beau milieu de ce passage, les cordes
du gouvernail de notre baleinière ont cassé. Par
bonheur, le commandant Poudra n'a pas perdu
la carte, non plus que l'enseigne, M. Mortenol,
qui nous accompagnait, ni les matelots. M. Poudra
a ordonné une manœuvre que les matelots ont
vivement exécutée. M. Mortenol a pu saisir le
gouvernail, avec autant d'adresse que de sang-
froid, et nous avons franchi la barre victorieuse-
ment.

Au retour, nous avons repassé au même endroit; la mer était un peu moins forte, et nous
sommes bien arrivés à bord du *Bisson*, ancré à
plus d'une lieue de terre. Pierre Parent était de
la partie; Dureau, souffrant, n'avait pu nous

accompagner. La santé de Dureau est moins solide
que la mienne et me préoccupe. Aussi ai-je hâte
d'être de retour à Bourbon, surtout pour lui.

Demain nous serons à Tolia.

Saint-Augustin.

*Nuit du vendredi 6 au samedi 7 novembre 1885. Minuit
ou peu s'en faut en plus ou en moins.*

Quelle étrange fin de journée, mes très aimables. Partis d'Andalande hier vers une heure
après midi, nous sommes arrivés ce matin dans
la superbe rade de Tolia que nos géographes
ont pris l'habitude d'appeler Tulléar-bay pour
imiter le rogue langage de nos éternels ennemis
les Anglais. Tolia est moins enchanteur que
Tamatave comme aspect et comme village,
mais sa rade est beaucoup plus belle. Nous avons
eu la joie de voir briller le drapeau français
de loin sur deux maisons françaises, celles de
M. Jacquelin et de MM. Lauratet et Leroy, de
Bourbon. Autre joie non moins intense en voyant
deux beaux trois-mâts de commerce, qui étaient
et sont encore en rade, hisser nos chères couleurs
tricolores : la *Créole,* capitaine Rebecq, de Bourbon, la *Notre-Dame de la Garde,* capitaine Bailard, de Marseille. Ces deux navires sont venus

chercher des pois du Cap, et autres grains, du bœuf salé, de l'orseille, des peaux, des tortues, en échange de marchandises françaises. L'un a son plein chargement et part demain matin. — L'autre active ses opérations après s'être viré en carène pour nettoyer et réparer sa coque. Jugez par là de la sécurité dont on jouit à Tolia. — Les graines et les salaisons sont pour Bourbon. — L'orseille, la cire, les peaux sont pour France.

Tolia est un village sakalave bâti sur les bords du Féerègne, petite rivière qui se jette à la mer non loin de la baie de Saint-Augustin.

Les capitaines Bailard et Rebecq, et M. Charlot, agent de la maison Lauratet, étant venus à bord du *Bisson,* nous les avons accompagnés à Tolia vers une heure après midi dans une grande embarcation de la maison Lauratet, remorquant la baleinière du *Bisson.* Le trajet a été rapidement effectué, et vers les deux heures nous prenions pied sur une belle plage aussi splendide que celle de Saint-Lunaire sur les côtes de Bretagne.

Notre petite bande se composait des deux capitaines, du commandant du *Bisson,* de deux de ses officiers, du médecin du bord, de six hommes d'équipage et enfin de Pierre Parent, Dureau et moi. — Il faut vous dire que le gros bateau de la maison Lauratet s'appelle la *Zélia,* et est monté par quatre Sakalaves dont le chef, un grand

13

gaillard, tout nu et du plus bel ébène, s'appelle
« la Fauvette, » parle passablement français et
jure supérieurement.

Nous avons été accueillis sur le rivage par une
masse d'hommes, de femmes et d'enfants, tous
très gais et riant volontiers, ce qui prouve que ce
sont bien des gens appartenant à l'espèce humaine
et non des bêtes, « pource que rire est le propre de
l'homme. » La plupart étaient armés de belles
sagayes; Dureau et les officiers en ont acheté plusieurs. Je les ai trouvées trop chères et trop en-
combrantes, surtout après mes dépenses de lambas
à Majunga et mes générosités tout le long du
voyage.

J'ai payé cinq francs une jolie petite maque*
pour Titine, pareille à celle que nous avions
à Saint-Pierre. M. Charlot m'en a donné une
autre toute petite et blanche avec la tête noire
(un petit Babakoute). Je tâcherai de les bien
soigner pour qu'elles vous arrivent en bonne santé
en France. Mais que de précautions il faudra
prendre pour conserver la santé de ces petites
frileuses. Ce n'est pas toutefois que le climat de
Tolia et des environs soit très chaud. Il fait ici
toute l'année plus frais qu'à Bourbon et le pays
est d'une remarquable salubrité.

---

* *Maque,* quadrumane qui n'existe qu'à Madagascar.

Nous n'avons pas pu voir les chefs de la côte, étant arrivés après l'heure où ils ont coutume de n'être plus à jeun. Tous étaient saouls, ce qui n'a pas empêché qu'on vînt de leur part me demander une dame-jeanne de rhum que j'ai prié M. Charlot de leur faire délivrer ce soir en mon nom. J'ai, en outre, envoyé deux pièces d'or de dix francs au grand roi Laymeriza, suzerain de ce pays, qui demeure à deux journées de marche dans l'intérieur.

Si les chefs étaient ivres, il faut reconnaître que le peuple n'a pas suivi leur exemple, ce qui prouve une fois de plus que les simples citoyens ou sujets valent mieux que les princes. Vérité chez les civilisés, vérité chez les barbares, vérité chez les sauvages.

J'ai été frappé de la tenue correcte, pourquoi ne dirai-je pas de la bonne éducation de ces hommes ?

Ils ont essayé d'avoir le meilleur prix possible de leurs sagayes que nous avons essayé d'obtenir au meilleur marché possible. Mais pas une importunité, pas une inconvenance, pas une parole bruyante. J'en ai été charmé et pas trop surpris, car je suis habitué à en rabattre des propos légers ou malveillants de certains voyageurs.

Je lisais ces jours derniers, à bord, un livre où

l'on ne tarit pas sur l'avidité, la cupidité, la rapacité des naturels de cette côte. En effet! je les ai vus vendre à nos gens une poule et une douzaine d'œufs, pour une bouteille vide. Il est clair qu'à ce prix-là, ces monstres insatiables écorchaient les acheteurs.

Nous avons quitté Tolia à trois heures et demie, et nous avons regagné le *Bisson,* à quatre heures et demie, en courant des bordées à la voile sur la *Zélia,* patron La Fauvette.

Nous avons fait ample connaissance avec la rade de Tolia. C'était plaisir de louvoyer à grande vitesse dans cette grande nappe d'eau tranquille. Ma foi, nous n'avons pas même pensé au mal de mer.

Aussitôt à bord, nous avons levé l'ancre pour visiter Saint-Augustin, où nous devions atterrir en une heure tout au plus, nous disait-on. C'était compter sans le pilote local Jean-Louis, madré sakalave, qui, le matin, nous avait déjà fait mouiller trop loin de terre. Il nous a conduits de Tolia à Saint-Augustin par le chemin des éco-liers, de sorte que nous ne sommes arrivés au mouillage, à l'embouchure de la rivière, qu'à la nuit close. M. Charlot et le capitaine Bailard nous ayant donné l'assurance que nous n'avions qu'un trajet de cinq ou dix minutes pour descendre à terre en baleinière, nous n'avons pas hésité à tenter l'aventure.

Ce fut tout de bon une aventure : d'abord une heure et demie de route, au lieu de cinq ou dix minutes; puis, ni le capitaine Bailard ni M. Charlot ne connaissaient bien la passe, de sorte que c'est miracle que nous n'ayons pas été roulés dans les brisants. Par bonheur, le commandant Poudra est un vaillant homme qui ne perd jamais la carte, et ses matelots sont de braves gens, des gaillards aussi dévoués que solides.

Par bonheur également, un créole de Saint-Pierre, M. Thibaut-Després fils, agent de la maison Lauratet, a entendu nos appels. Il s'est jeté à l'eau et, moitié nageant, moitié marchant dans les brisants, il est venu nous tirer d'embarras, en nous remettant dans la passe et en nous guidant jusqu'au débarcadère. Après quoi, il nous a fait faire un excellent dîner, servi dans une vaisselle peu luxueuse, mais très propre; nous nous sommes régalés de bonne soupe à la volaille, de riz, de morue grillée, de brèdes, de citrouilles exquises, de pois du Cap. Il y avait, en outre, de très bon bœuf que nous avons délaissé pour le riz et les légumes.

A ce nom de Thibaut-Després, vous voyez que nous avons été tout de suite en pays de connaissance, à Saint-Augustin. Nous avons trouvé ici

d'autres créoles encore : un cousin à M. Després,
du même nom; M. Riquier, de Saint-Benoît;
M. Descombes, de Saint-Pierre.

Il y a quelque vingt ou vingt-cinq ans, j'ai
donné des soins médicaux à Thibaut-Després et
à Descombes. Quels vaillants hommes que ces
créoles-là ! On ne peut, quand on ne l'a pas vu,
se faire une idée de la vie qu'ils mènent ici, faisant
le commerce et maintenant très haut et très ferme
le drapeau de la France. Quant à M. Charlot,
dont je vous ai plusieurs fois parlé, je le connais
aussi pour l'avoir vu à Bordeaux en 1871 ; c'était
un de nos volontaires créoles de la guerre contre
l'Allemagne.

Ce Charlot est un excellent être, qui n'a pas
cessé de nous donner depuis ce matin mille
preuves de sa bonté et de son dévouement.

Avant le dîner, on nous a présenté un Sakalave parlant très bien le créole français de Bourbon. Il a fait, au surplus, deux voyages de courte
durée dans notre colonie. C'est un des person-
nages influents de Saint-Augustin. Il m'a paru
extrêmement intelligent, plein de tact, et même
de très bonne éducation. Ses manières sont par-
faites. Un calme et un bon sens remarquables.
Nous avons trinqué avec lui en lui offrant un
verre de vermout. Il s'appelle Sitampi.

Sur le conseil de M. Thibaut-Després, je l'ai engagé à revenir causer avec moi après le dîner. Je lui ai donné sur les projets de la France et sur la protection que la France assure aux indigènes contre les Hovas, des explications qui ont paru le satisfaire. Vers les minuit, on s'est séparé après avoir bu une tasse de bon café. Nous avons accompagné le commandant Poudra dans la case qu'un de nos compatriotes lui a offerte. Pierre Parent dort chez M. Després; Dureau, Saïd (domestique de Dureau) et moi, nous avons une autre case de M. Després. Ce sont de bonnes cases en paille comme on en voit à Bourbon dans les hauts, portes et fenêtres simplement poussées ou fermées avec un simple brin de vacoa.

En ce moment tout dort, sauf moi. Dureau a la respiration du juste. Saïd est sur une *saisie**, au pied de nos couchettes. Maintenant que j'ai bien bavardé avec vous, je vais me coucher à mon tour, car il faudra être debout de grand matin. — Nous avons fait convoquer les chefs du voisinage pour tenir Kabar demain ou, pour mieux dire, aujourd'hui, à cinq heures du matin. Vers les sept heures, nous regagnerons le *Bisson* pour aller à l'île de Noss-Vé. — Avouez, mes

---

* *Saisie,* natte légère en paille tressée. On en trouve depuis quelque temps dans les magasins de Paris.

enfants, que notre existence malgache n'est pas dépourvue de couleur locale.

Saint-Pierre, île Bourbon.
Lundi 16 novembre 1885, 5 h. matin

... Nous avons quitté Saint-Augustin le samedi 7 de ce mois vers sept heures du matin, après avoir tenu, avec la population du village, un grand Kabar*. Nous n'avons pas eu le temps de faire mander le roi Laymeriza qui était à deux ou trois jours de marche dans l'intérieur des terres. Nous nous sommes contentés du vice-roi Belambe. Celui-ci est un vieillard de soixante-dix ans, très comme il faut, en vérité. Il est arrivé suivi d'une centaine de guerriers drapés dans leurs lambas et armés de fusils et de sagayes. Il avait à côté de lui Sitampi, brillamment vêtu. Après les saluts et les poignées de main d'usage, M. Poudra, à qui chacun se plut d'attribuer la place d'honneur en sa qualité de commandant du navire de guerre représentant la souveraineté française, fit asseoir Belambe et Sitampi à sa droite, Dureau, Pierre Parent, nos compatriotes et moi à sa gauche, dans de grands fauteuils

---

* *Kabar*, assemblée où se traitent en plein air les affaires publiques.

rotinés. Les guerriers par terre, en face de
nous, leurs armes sur leurs genoux. Je compli-
mentai le vieux chef et ses gens de leur fidélité
à la France, et je lui fis part du bon témoignage que nos compatriotes nous avaient porté
de leurs procédés. « Ce n'est pas à moi qu'en
revient le mérite, nous répondit-il. Avant moi,
mon père était l'ami des Français, et avant lui
mon grand-père; et cela remonte loin, loin. Vous
le voyez, vos compatriotes n'ont rien à craindre
parmi nous. Leurs personnes, leurs biens sont res-
pectés à l'égal des nôtres. Quant aux Hovas, nous
les avons toujours eus en horreur. Jamais nous ne
leur avons permis de pénétrer parmi nous. Cette
année, ils nous ont envoyé des émissaires pour
nous offrir leur alliance et nous exciter à chasser
les Français qui sont ici. Nous avons renvoyé ces
émissaires en leur faisant défense de revenir. Ils
sont partis en nous menaçant de la colère de
leur reine et en ajoutant que les Français leur
demandaient la paix et offraient des navires pour
aider les Hovas à se rendre maîtres de notre pays.
Nous avons chassé ces imposteurs. Pourtant,
nous nous souvenons qu'on avait parlé d'un
projet comme cela, du temps de M. Valon.
Puisque vous pouvez voir les ministres, en France,
dites-leur que jamais nous n'accepterons les
Hovas pour maîtres. Les Hovas sont les ennemis

de notre race. S'ils viennent, nous les recevrons avec le fer et avec le feu*. »

Le vieux chef avait parlé avec beaucoup de dignité, de calme et de force. Tous ses compagnons l'ont approuvé manifestement, et comme Després et Charlot nous disaient que Sitampi, l'interprète, nous avait fidèlement rendu les paroles de Belambe, celui-ci intervint, avec insistance, et nous fit expliquer à diverses reprises que, malgré son attachement et son respect pour la France, le peuple Sakalave n'accepterait jamais le joug des Hovas. « Leurs envoyés, répétait-il, ont affirmé que leur reine n'accorderait la paix aux Français qu'à la condition que les Français s'engageraient à servir les Hovas contre les Sakalaves, comme M. Valon l'avait promis. Tant mieux si vous pouvez nous assurer qu'ils mentent et qu'ils n'obligeront pas la France de s'allier à eux contre nous. » Dureau et moi nous n'avons pas hésité à donner sincèrement à ces braves gens les assurances qu'ils nous demandaient. Nous ne pouvons pas admettre que notre diplomatie refasse la sottise** qu'elle avait faite de vouloir, il y a quelques années, installer de force

---

* J'ai publié cette réponse de Belambe dans ma préface du livre de M. Raoul Postel sur Madagascar. (Paris, Challamel.)

** Elle l'a refaite ! Les craintes de Belambe n'étaient que trop fondées.

les Hovas sur toute la côte ouest de Madagascar, avec le concours de l'amiral anglais, Gore Jones. Je ne sais vraiment pas où notre consul et le commandant Valon, qui sont patriotes, avaient la tête quand ils se sont laissé endoctriner pour ce mauvais coup. Ce n'est pas leur faute s'il n'a pas été perpétré. Il a fallu leur en faire faire défense, de Paris.

Après avoir pris congé de Belambe et de nos compatriotes, nous avons regagné le *Bisson*, et nous avons fait route vers Noss-Vé, petite île à deux heures de Saint-Augustin. Charlot et Sitampi nous y ont accompagnés.

Il y a à Noss-Vé trois belles factoreries (une anglaise, Mac-Cubbin; deux françaises : Jacquelin et Lauratet et Le Roy). Nous avons visité les magasins de nos compatriotes, bondés comme ceux que nous avions vus à Tolia, bondés de pois du Cap, de voèmes, embériques*, maïs, peaux de bœufs, boucauts de bœuf salé, cire, orseille**, etc. Dans les parcs, des quantités de tortues. On en a donné plusieurs douzaines au *Bisson*, dont l'équipage s'est régalé.

---

* Sortes de haricots et de lentilles. Le pois du Cap est un haricot de forme un peu aplatie, beaucoup plus volumineux que le soissons, et meilleur, plus nourrissant. On commence à en trouver dans quelques épiceries de Paris.

** Sorte de *Lichen* que l'on recueille sur les arbres des forêts à Madagascar et qui est employé dans la teinturerie lyonnaise. Presque toute la consommation de Lyon vient de la côte ouest de Madagascar, par navires de Nantes.

Nos traitants obtiennent ces denrées en échange de marchandises de France, venues principalement de Marseille et de Nantes : savon, vermout, eau-de-vie et liqueurs, quincaillerie, marmites, couteaux, fusils de troc, pierres à fusil, poudre de chasse grossière, calicot, étoffes bariolées, mouchoirs à carreaux, verroteries, etc.

L'île est petite; la population, exclusivement française (sauf deux agents de la maison Mac-Cubbin). Le sol est sablonneux, recouvert d'une couche épaisse de chiendent formant un beau gazon. Très peu d'arbres. J'ai tenu à la parcourir, malgré l'ardeur du soleil qui piquait fort, et malgré l'annonce d'un bon accès de fièvre qui serait la récompense de ma témérité de vouloir sortir à cette heure (de dix heures à midi). Mais j'avais mon parasol, et l'air, d'une extrême pureté, était tempéré par une légère brise de mer très agréable. J'ai visité le cimetière où reposent de vaillants pionniers français, la plupart créoles de Bourbon; — plus loin, en plein champ, la tombe isolée d'un compatriote saint-pierrois, que j'ai connu et qui m'était un peu parent, Victor Mahé.

En rentrant, j'ai rencontré sur le rivage, assis à l'ombre d'un bateau en construction (à Noss-Vé, nos créoles sont constructeurs de navires comme à Andalande), un groupe composé d'une femme et de six enfants (garçons et filles). « Bzour, msié. — Bzour, bonne femme. Vou i parle français donc? — Hé ben! nous n'a pas z'antanosses, donc? — Vous z'antanosses? A cause vous la veni ici? — Hé ben! Français la mène zova prend nout'pays. Z'homme à moi, grand garçon à moi fini tié. A c'te hére, nous ici misère, la çarité di mounde. »

Charlot nous a donné un grand déjeuner dînatoire à midi, à la factorerie Lauratet. On était une trentaine à table. Charlot a porté à la France, représentée par le commandant du *Bisson* et par deux membres du Parlement, un toste fort bien tourné. Nous lui avons répondu que c'étaient surtout eux, les braves gens, les hardis traitants, les marchands laborieux, qui représentaient ici la métropole avec une dignité égale à leur courage et à leur modestie. Et c'est bien vrai! — Nos politiciens anglomanes se doutent-ils seulement que sur tout le vaste pourtour de notre grande île, le drapeau français n'a pas cessé un seul instant de flotter, maintenu là par le dévouement de notre marine du commerce et la fidélité des populations..., de ces populations que notre inepte diplomatie voulait livrer à nos pires ennemis*?

* Elle les a livrés depuis.

Nous avons quitté Noss-Vé le samedi 7, à trois heures après midi. Il va sans dire que ni ce jour-là, ni depuis, le fameux accès de fièvre qui m'attendait ne s'est emparé de moi. Jamais je ne me suis mieux porté de ma vie.

J'oubliais de te dire qu'il y avait en rade de Noss-Vé une goëlette extrêmement jolie, battant pavillon anglais. On dit qu'elle a été construite en Allemagne et vendue aux Mac-Cubbin. N'importe d'où elle est, on ne peut guère imaginer un plus admirable petit navire.

Le lendemain, dimanche 8 novembre, dans l'après-midi, nous avons doublé le cap Sainte-Marie, à l'extrême sud de Madagascar. Non loin de là est la baie de Caramboule, et au fond de la baie un village important. En rade, une goëlette française de la maison Lauratet. Sur une maison du village, le drapeau français vibrant au soleil et à la brise. Puis la terre a disparu peu à peu, et ensuite nos trois couleurs dans un dernier flamboiement.

Nous devions être, le lendemain lundi 9, au petit jour, par le travers du fort Dauphin, et y atterrir dans la matinée. Malheureusement la marche du navire avait été accélérée pendant la nuit par l'action d'un fort courant, et nous étions déjà bien loin dans l'est sur la route de Bourbon, quand on fit les calculs au lever du soleil pour vérifier notre position. On tint conseil. Il aurait fallu plusieurs jours pour revenir sur nos pas, en luttant contre le vent, les courants et la mer devenue très grosse. La santé de Dureau nous inquiétait. Il fallait aussi songer à ne pas manquer le paquebot pour notre retour en France. Il a donc fallu renoncer à l'escale du fort Dauphin, malgré nous et à notre très grand regret. Dans la nuit du 11 au 12 novembre, à minuit un quart, nous avons mouillé en rade de Saint-Denis. Notre périple autour de Madagascar était terminé.

Pendant toute la durée de notre voyage nous n'avons eu qu'à nous louer de la courtoisie et de la bienveillance de M. le commandant Poudra et de son état-major à notre égard. Ils ont droit à notre dévouement et à notre sincère amitié. Jamais nous n'oublierons les jours passés au milieu d'eux.

Nous avons eu à chaque instant l'occasion de constater leur grande autorité, l'excellente tenue, la bonne discipline, l'entrain de l'équipage, le soin que l'on prend de la santé et du bien-être des hommes; l'obéissance empressée, la confiance absolue, le respect non dénué d'affection des inférieurs envers les chefs.

Avec de pareils hommes, un gouvernement digne de ce nom peut accomplir de grandes choses.

Partout sur notre route, nous n'avons rencontré que fidèles serviteurs de la France, dévoués de corps et d'âme à la patrie.

Avec un peu de fermeté et de suite dans sa politique, l'emploi des forces qu'elle possède déjà à Madagascar, jointes à celles que lui offrent la colonie de Bourbon et la grande île elle-même en soldats indigènes et en volontaires créoles, suffirait pour asseoir définitivement la souveraineté de la France.

C'est la conviction profonde, raisonnée, qui nous est restée en quittant Madagascar.

Reverrons-nous jamais ce grand et prestigieux pays? Ce que nous avons vu n'en est que l'infiniment moindre partie, et de combien grande importance, cependant! Aurons-nous la joie, l'orgueil de savoir persuader à la métropole de ne pas se laisser voler ce joyau de son domaine colonial? Que ne donnerions-nous pas, Dureau et moi, pour faire passer dans l'âme de nos hommes d'État la conviction dont nous sommes pénétrés!

De Bourbon à Marseille

Novembre-décembre 1885

De Bourbon à Marseille

Entre-Deux, île Bourbon.

Vendredi 20 novembre 1885, 3 h. matin.

LES derniers jours que j'ai à passer dans la colonie sont totalement absorbés par les affaires, sans compter l'imprévu.

L'imprévu, bien triste, cette fois, a été la mort de mon vieux confrère M. Barquissau, après une carrière longtemps brillante. M. Barquissau était un homme de la plus haute distinction. Les discours prononcés sur sa tombe par le maire de

Saint-Pierre et par M. le docteur Isautier ont été fort bien. J'ai assisté au convoi et j'ai porté un des coins du drap, avec Jules Tiphaine, Bourayne, Kanlant de Villeneuve et Charles Motais.

J'ai fait beaucoup de visites, beaucoup de pas, de démarches pour l'arrangement des affaires de la commune et des marines. J'ai admiré la sagesse, la modération du maire, M. Auguste Babet, et j'ai été plus que surpris de l'étrange aveuglement de quelques-uns de nos amis et compatriotes saint-pierrois, au sujet de leurs propres intérêts dans cette grave question du port.

Je suis allé, mardi, faire mes adieux à nos amis de Saint-Louis : Laisné, Aubry, Lebel, Philibert Cadet. De là je suis venu à l'Entre-Deux, d'où je vais repartir tout à l'heure pour Saint-Pierre. Mon cher vieil ami Corneille Hoarau m'a donné l'hospitalité chez lui. Son frère Saturnin, leurs familles, nos autres amis, sont parfaits. Il n'y a pas de meilleurs êtres au monde. Je doute que la légendaire hospitalité écossaise vaille celle d'ici. Elle ne peut être plus cordiale ni plus généreuse. — J'ai été assez heureux pour voir dans les mêmes réunions, avec Corneille et Saturnin, Alexandre, Ruel, Fortier, Jules Défaud, en un mot les deux partis rapprochés par leur commun dévouement à la République.

Saint-Denis. Dimanche 22 novembre.

Me voici de retour au chef-lieu de notre colonie, presque à la veille de mon départ pour vous rejoindre en France. Hier, ma ville natale, Saint-Pierre, donnait à Dureau et à moi un banquet magnifique, présidé par M. Babet. Aujourd'hui, ce sera Saint-Denis.

J'ai reçu l'hospitalité chez Eugène Lacaze pendant mon dernier séjour à Saint-Pierre. Il est resté le fidèle ami, le cœur chaud que vous connaissez. Notre amitié, l'une des plus chères, date de loin! Son frère Ferdinand, qui n'a pas changé, lui non plus, est venu de Saint-Paul. Eugène a invité quelques intimes à dîner. François Cudenet en était. Il est toujours le même, dévoué à la science, aux amis, à la République, et d'un désintéressement personnel bien rare. Il s'occupe d'un travail d'histoire naturelle sur notre île. Il en a scrupuleusement réuni les éléments. Il m'a fait voir quelques planches de la partie botanique, qui sont remarquables. Le livre sera bien fait, d'un homme aussi instruit et aussi consciencieux. — A Saint-Denis et à Saint-Pierre, mes chers cousins Just Hoareau, Hervé de K/véguen, Le Cocq du Tertre, que j'aime comme des frères, m'ont donné les preuves les plus touchantes de leur fraternelle amitié.

J'ai quitté Saint-Pierre avec regret. J'aurais voulu y passer mes trois ou quatre derniers jours de ce long voyage, où tout a été consacré à la chose publique. Je puis dire, en toute vérité, que ma part personnelle, intime, a été douloureusement sacrifiée à l'intérêt général. Il m'aurait fallu un grand mois de plus pour voir plus à loisir les parents, les amis, faire quelques promenades dans nos beaux sites, que je n'ai revus qu'à travers le tourbillon électoral. Croiriez-vous que c'est hier seulement que j'ai pu aller me recueillir au cimetière, sur la tombe de mes vieux grands-parents et de mes frères. Chaque jour j'y ai pensé, chaque jour je l'ai voulu, mais dès quatre ou cinq heures du matin j'étais enlevé jusqu'à la nuit. Et notre demeure, nos deux modestes cases, je ne les ai vues également que la veille de mon départ. Hélas! elles m'ont paru tristes. Nous regrettent-elles? regrettent-elles les temps d'autrefois?... Les arbres ont grandi. Les palmistes, les dattiers, les cocotiers sont plus hauts que la maison. La rue porte maintenant le nom de rue François de Mahy. Un des quais du port s'appelle quai de Mahy. Mes compatriotes, mes parents, mes amis, m'ont comblé. Leur affection m'a récompensé noblement des services que j'ai pu rendre au pays. Mon dévouement pour eux ne s'éteindra qu'avec ma vie.

Saint-Denis.

Mercredi 25 novembre 1885, 6 h. matin.

On me dit que la malle venant d'Australie est arrivée. C'est donc ce soir que je m'embarquerai pour rejoindre mon poste de combat au Parlement et revoir ma famille. Puissé-je retrouver tout mon monde en bonne santé, et puissé-je, au sujet des affaires de la France à Madagascar, ne pas éprouver de déceptions. Les faiblesses du gouvernement ne me donnent que trop de craintes à cet égard...

Hier soir, bal splendide à l'hôtel de ville. Les salons de l'hôtel de ville de Saint-Denis ne dépareraient pas un ministère à Paris. La société est aussi élégante, aussi distinguée, les toilettes aussi belles qu'à Paris dans le meilleur monde.

En mer, à bord du Yarra.

Vendredi 27 novembre 1885.

Je me suis embarqué avant-hier, mercredi 25 novembre, à quatre heures et demie, par une

pluie torrentielle. C'était un vrai déluge. Beaucoup de monde pourtant : parents, amis, auto-
rités m'ont accompagné jusqu'au bout du pont.
Plusieurs sont venus à bord. L'aimable commandant Vimont m'avait réservé les mêmes grandes
cabines que j'avais occupées à l'aller.

Une fois à bord, la pluie a cessé, les montagnes
se sont découvertes, et jusqu'à ce que j'aie perdu
de vue la terre, j'ai regardé la foule amassée sur
les ponts, et j'ai admiré le spectacle grandiose et
charmant de notre île natale. Peu à peu les sommets les plus élevés des Salazes se sont dégagés
au-dessus des premiers plans, dominant tout le
reste de leur hauteur énorme. Le coucher du
soleil a été resplendissant et semblable à ceux
qui nous ont tant étonnés à Saint-Cyr, à l'époque
des grands couchers de soleil machinés par les
poussières de Krakatoa, mais avec plus d'éclat
sous notre ciel tropical que là-bas.

Le malaise du mal de mer qui me gagne
m'empêche de continuer notre causerie... La
terre disparaît à l'horizon. Divin pays, mon
adorée île Bourbon, je vais te servir fidèlement
en France... Te reverrai-je jamais ?...

Samedi 28 novembre.

Les Séchelles sont en vue à l'avant du bateau.

Nous y serons dans deux ou trois heures. Y trouverai-je des lettres de vous?

Dimanche 29.

Arrivés aux Séchelles hier samedi 28, à sept heures et demie du soir. Il faisait nuit noire. Nous en sommes repartis à minuit. J'ai fait connaissance, dans la traversée de Bourbon à Mahé, avec M. Hodoul, habitant des Séchelles, Français de cœur. Il m'a beaucoup encouragé pour Madagascar et m'a fait cadeau d'une belle carte de l'île, qu'il se plaît, comme tout le monde dans la mer des Indes, à appeler notre France orientale. — Mon Dieu! mon Dieu! comment se fait-il que nos hommes d'Etat, nos dirigeants, s'obstinent à méconnaître et à étouffer le génie colonisateur de la France? comment ne voient-ils pas et n'entendent-ils pas ce qui se passe au dehors? De quel épais et impénétrable bandeau les méthodistes de Londres et de Paris ont-ils donc couvert les yeux et les oreilles de nos gouvernants? La clairvoyance du ministère sera-t-elle éternellement oblitérée?...

Notre traversée se fait tout doucement, sans encombre. Nous avons plus de voyageurs qu'en venant de France : plusieurs jeunes créoles, pas-

sagers de pont qu'on a installés obligeamment
aux troisièmes; une assez nombreuse bande
d'enfants; un jeune aveugle de Bourbon dont j'ai
été chargé. Le pauvre petit est fort gentil, bien
élevé, et paraît avoir de bons sentiments.

Parmi nos passagers de première classe, il y
a un jeune ménage anglais de distinction :
captain L... et Mme L...; le monsieur est fils de
lord L... La jeune dame est une Australienne fort
jolie, d'origine française, Mlle de L... Son bisaïeul
a été obligé de s'exiler lors de la révocation de
l'Édit de Nantes; les événements l'ont conduit en
Australie, où il a fait souche. Ils ont, dit-on, une
grande fortune et n'ont plus rien de français.
Le jeune ménage est d'ailleurs fort bien, très
distingué et d'agréables manières. Captain L...
parle couramment le français; la jeune dame ne
parle qu'anglais.

Que de malheurs nous ont causés nos querelles
religieuses! L'exode qui a été la suite de la révocation de l'Édit de Nantes a été un coup funeste
à la France. Aujourd'hui, parmi les descendants,
les coreligionnaires de ces révoqués, il y en a
qui, plus sectaires que Français, malgré les faveurs
dont la France actuelle les comble, se mettent
du côté de l'Angleterre dans nos questions
coloniales, témoin ce qui se passe au sujet de

Madagascar. Eux qui n'ont plus rien à souhaiter, eux qui sont comblés, ils jouent vis-à-vis de l'Angleterre le rôle que jouaient pour l'Espagne, sous Henri IV et sous Louis XIII, certains catholiques tels que les Biron, les Cinq-Mars, les de Thou, à qui Henri IV et Richelieu faisaient très justement tomber les têtes. Certes, en eussé-je le pouvoir, je ne ferais pas couper le cou à nos méthodistes aveugles ou traîtres. Mais que ne donnerais-je pas pour déjouer leurs manœuvres et les ramener au patriotisme*? Je n'y ai épargné ni peines ni soins. Rien ne les éclaire, rien n'adoucit leur endurcissement. Ils ne veulent pas entendre raison. La Déclaration des Droits de l'Homme vaut bien l'Édit de Nantes, pourtant!

* On m'a beaucoup accusé d'attaquer le protestantisme français, c'est une erreur. Je suis loin de supposer que les protestants français en général partagent les odieuses doctrines dont le lecteur a pu juger quelques échantillons. Je combats ceux qui les professent et je ne peux pas trouver bien non plus que la société des Missions évangéliques de France, afin de ne pas gêner la propagande de leurs coreligionnaires anglais à Madagascar, ait refusé au gouvernement français d'y envoyer des missionnaires protestants français, et qu'après avoir fait l'annexion de Lessouto à l'Angleterre elle ait fait œuvre commune avec les missions anglaises qui ont provoqué le soulèvement des populations du Zambèze contre le Portugal. (Conflit anglo-portugais.) — Ce que je déplore surtout et ce que je combattrai tant que j'aurai un souffle de vie, c'est leur influence sur nos gouvernants dans les questions de politique coloniale, de marine et de politique étrangère. Je sais très bien, au surplus, que leurs ingérences datent de loin et qu'elles s'exercent sur tous les partis, sous tous les régimes. Mais cela n'a que trop duré, et ils devraient être les premiers à le comprendre.

Mardi 1er décembre, 4 h. 1/2 après midi.

A trois heures, nous avons été par le travers du cap Gardafui, que nous avons doublé par un temps et une mer superbes. Nous faisons route à l'ouest, ayant toujours la terre en vue.

Demain soir, nous serons à Aden.

J'ai terminé hier la lecture de l'ouvrage de Flacourt et du petit livre de M. le commandant Dupré sur Madagascar, que notre vieil ami M. Magny m'a donnés. Je ne les avais jamais lus avec autant de soin d'un bout à l'autre. Flacourt est un homme d'État. M. Dupré n'est qu'un agréable écrivain.

Mer Rouge, à bord du Yarra.
Vendredi 4 décembre 1885.

Nous sommes arrivés à Aden avant-hier soir vers sept heures et demie et repartis ce matin à huit heures et demie.

Il paraît, d'après des nouvelles venues d'Europe, que l'élection du président de la République aura lieu le 10 de ce mois, dans six jours. Ce m'est un amer chagrin de penser que je ne serai pas là pour donner ma voix à M. Grévy. Je ne doute pas qu'il ne soit réélu. Mais j'aurais été heureux de voter pour lui.

Puissé-je du moins arriver à temps pour empêcher quelque faute irrémédiable dans les affaires de Madagascar. Ceux qui veulent faire passer cette terre française aux mains des Hovas et des Anglais, sont-ils simplement des ignorants, des imbéciles, des niais, des sectaires aveuglés par leur fanatisme, ou bien sont-ce des traîtres payés par le fonds des reptiles des Sociétés bibliques? Il y en a sans doute des uns et des autres, dans le nombre. Puisse leur coalition ne pas prévaloir contre les intérêts, l'honneur, l'avenir de la race française. Mais ce que je lis dans les journaux sur l'état des esprits dans le monde politique ne me présage pas un doux repos. Soit! je ne faiblirai pas. Je continuerai cette vie de lutte incessante, de travail sans relâche qui a été et sera probablement mon lot jusqu'à mon dernier jour. Je mourrai debout. Mais n'importe! la victoire finale restera à la France.

Même jour, 4 h.

Le commandant a eu l'amabilité de me faire appeler sur la passerelle, pour mieux voir le passage entre Périm et la grande terre. J'ai vu plus d'une fois déjà le détroit, mais on ne se lasse pas de voir la terre, même la terre aride des côtes de la mer Rouge. Au surplus, celles-ci sont d'un grand caractère : les montagnes sont hautes et tourmentées, de couleurs variées; les lignes sont belles, même dans les contrastes des plages au niveau de la mer, se heurtant à des pics, à des rochers de formes diverses.

J'ai donc revu Périm, après avoir revu Aden, après avoir revu les Séchelles. Partout la marque de la puissance et du génie anglais.

J'ai revu aussi Cheikh-Saïd. Cette fois, ce n'est plus le drapeau français qui flotte sur la maison de construction française. Le drapeau turc a remplacé le nôtre. Est-ce déjà un des effets de la politique d'abandon prêchée par nos méthodistes et quelques-uns de nos radicaux, et acceptée ou subie, hélas! par des hommes d'État faibles et incapables? Le drapeau turc à Cheikh-Saïd, est-ce le prélude du drapeau anglo-hova remplaçant sur le pourtour de notre grande île de Madagascar le drapeau français que je voyais naguère, attestant aux quatre points cardinaux les droits et l'intérêt de la France?

Et l'Angleterre a annexé la Birmanie et elle est entrée à Hérat! Et cela n'ouvre pas les yeux à nos pauvres ministres!

Mardi 8 décembre. Dans le canal.

Arrivés ce matin à neuf heures et demie à Suez, nous en sommes repartis à onze heures. Nous avons eu nos lettres et des journaux. Je vois que la date de la réunion de l'Assemblée nationale pour la nomination du président de la République n'est pas encore fixée. Tant mieux. J'arriverai à temps pour voter le renouvellement des pouvoirs de M. Grévy.

Le panorama de Suez est décidément fort beau. Nous avions forte brise ce matin à l'arrivée et on a mouillé loin. A ce moment-là et à cet endroit, on jugeait mal de la beauté du site. Mais au départ, au fur et à mesure que la rade avec ses nombreux navires et ses chaloupes à voiles, le port, la ville, l'établissement de la Compagnie avec son avenue de bois-noirs et de filaos, ont défilé devant nous, le paysage était splendide. Le temps est frais. Quand je suis venu la précédente fois, c'était le 1er septembre. Il faisait très chaud. Le temps était absolument calme. La umière plus grande et plus belle, les couleurs plus éclatantes, plus variées, formaient un spectacle encore plus saisissant et plus admirable que celui d'aujourd'hui.

En mer Méditerranée.
Vendredi 11 décembre 1885.

Nous sommes arrivés à Port-Saïd avant-hier mercredi à six heures du soir. J'y ai reçu mes chères lettres et des journaux de France. On ne s'est arrêté à Port-Saïd que le temps de faire du charbon (trois heures). Ce matin, nous étions en vue de Gozza et de Candie. Demain samedi, nous serons au détroit de Messine, dans l'après-midi; le lendemain dimanche, même heure, à Bonifacio, et lundi, à Marseille, entre trois et quatre heures, si nos prévisions ne sont pas déjouées par quelque mauvais temps, toujours à craindre en cette saison.

Ah! que j'ai hâte de me retrouver auprès de vous, et de reprendre mon poste de combat pour la bonne cause à la Chambre des députés! Les nouvelles de la politique ne sont pas rassurantes, autant que j'en peux juger par la lecture des journaux. Que de fautes on est en train de commettre, après la grande faute du scrutin de liste! Hélas! dans ces conflits, le prestige, les droits, les intérêts, l'honneur de la France au dehors peuvent être compromis. On parle de l'abandon du Tonkin et même de Madagascar. *Di, avertite omen!* Mais pas de découragement. *Sursum corda!* La majorité républicaine ne commettra pas l'irréparable faute, malgré l'inquiétante composition de la commission des crédits. Puisse le gouvernement tenir bon et notre négociateur à Madagascar ne pas se laisser rouler!

Premier voyage

Janvier à mai 1876

Premier voyage

———

En mer Méditerranée. A bord du Tigre.
Dimanche 16 janvier 1876.

J'AI visité tout le navire. Il est superbe, immense. Ma cabine est très grande, à deux couchettes indépendantes. J'y suis seul. On a pu y mettre tous mes bagages, sans rien encombrer.

En mer, en vue de la Corse, de Caprera et de l'île d'Elbe.
Lundi 17 janvier, midi 1/2.

M. Laserve a été bon prophète. Je n'ai pas le

mal de mer, seulement du malaise. Hier soir, j'ai pu dîner un peu et me suis couché tout de suite après. Ce matin à huit heures, le garçon m'a porté une tasse de café dans ma cabine. La mer a été un peu forte la nuit et je rêvais que nous étions tous ensemble sur le *Labourdonnais,* et qu'un coup de mer entrait par mon hublot pour gâter les chinoiseries des ambassadeurs chinois*. A ce même moment le garçon est entré dans ma cabine pour bien visser le hublot, car la mer frappait de côté sur le navire. J'ai failli alors avoir le mal de mer, mais la force de la volonté l'a surmonté. Ce matin je me suis levé en vue du cap Corse, j'ai fait tranquillement ma toilette, j'ai regardé mon cher petit groupe et puis je suis monté sur le pont. Nous avons déjeuné à neuf heures et demie; j'ai mangé avec précaution et, jusqu'à présent, je ne suis pas mal. Il est vrai de dire que le temps est superbe, la mer calme, les yeux constamment occupés par les points de vue qui se déroulent autour de nous. Après le déjeuner, nous avons admiré la côte de Corse et nous avons aperçu Bastia dans le lointain, et, plus loin encore, des montagnes couvertes de neige. En ce moment-ci, nous approchons de l'île d'Elbe. Je vais te quitter pour la

---

* L'accident qui me revenait en rêve s'était réellement produit lors de mon voyage de 1870.

voir de plus près; nous recauserons un peu dans la soirée.

Nous avons passé assez près de la côte ouest de l'île d'Elbe, dans l'après-midi. Cette côte est aride et assez monotone, quoique montagneuse. La Corse est bien plus belle. Nous ne l'avons perdue de vue qu'à la nuit. De temps en temps nous avons aperçu la côte d'Italie. Demain, dès le jour, nous aurons sous les yeux la côte d'Italie jusqu'à Naples, où nous arriverons vers midi.

C'est à Naples que ma lettre sera expédiée par l'agent des postes, qui m'a promis de s'en charger. Vous l'aurez à la fin de la semaine.

Le côté de l'île d'Elbe que nous avons vu n'est pas celui où se trouvait la résidence de Napoléon, après sa première chute. C'est le côté opposé.

8 heures.

Mes trois chéries, je suis allé un instant sur le pont, voir ce qui se passe. Le temps est superbe, très doux. La mer est admirable, le navire bouge à peine. Nous apercevons plusieurs îlots et la côte d'Italie, un coin de Naples où nous arriverons, dit-on, vers les neuf heures et demie. Tout à l'heure, le soleil dorait deux de ces îlots, sur lesquels il y a de grandes constructions, comme des fortifications.

En mer, à bord du Tigre. *18 janvier 1876.*

Nous venons de sortir du golfe de Naples, et nous voguons vers la direction de Messine, où nous serons demain dans la matinée. Je veux que tu saches que la baie de Naples est vraiment admirable et à la hauteur de sa réputation; elle est cependant moins belle que le panorama de Genève et de ses environs, lorsqu'on y arrive en bateau.

... J'ai pu descendre un instant à Naples. Nous avons visité à la course l'église Saint-Séverin, où il y a un Christ en marbre très remarquable; puis le musée, et fait un tour rue de Tolède, jusqu'au palais du roi. Je dis nous, parce que j'étais en compagnie de l'agent des postes et de M. Eyden, consul de France à Calcutta, et de son secrétaire. Le musée est très intéressant, surtout les antiques et les objets provenant des fouilles de Pompéï. Mais il faudrait plus de temps pour bien voir et revoir.

La rue de Tolède est très animée, très bruyante; beaucoup de monde, beaucoup d'équipages, beaucoup d'oripeaux. En général, le tout assez malpropre. N'importe, c'est original, très vivant, mais je n'étais pas disposé à la gaieté. Que de souvenirs ces trois heures passées à Naples ont éveillés chez moi. J'y étais venu en 1846, presque enfant, faible de santé, avec mon père et ma mère, mes sœurs et mon frère Évariste... Évariste, mon père, ma mère ne sont plus!...

Jeudi 20 janvier 1876, 2 h. après midi.

Hier, pour la première fois, je ne vous ai pas écrit. Avant-hier soir, au moment de me coucher, j'ai voulu aller un instant sur le pont pour prendre l'air. Je n'y suis pas resté, ayant éprouvé une impression désagréable de froid, qui m'a valu une très mauvaise nuit. Cela ne m'a pas empêché toutefois d'être debout hier matin à six heures et demie, pour voir le détroit de Messine. Je suis allé sur l'avant du navire pour mieux jouir du coup d'œil. Le commandant Brunet a alors eu la gracieuseté de m'envoyer chercher et de me dire de venir avec lui, sur la passerelle des officiers où l'on est beaucoup mieux. On voyait dans le lointain Stromboli; à droite et à gauche, les terres de la Sicile et de l'Italie.

Le détroit est si peu large, qu'on dirait un

magnifique fleuve. L'eau est bleue comme celle
du lac de Genève ou du Rhône au pont des
Bergues, mais le panorama est moins beau,
moins grandiose et même moins gracieux que
celui du lac et des montagnes dans les environs
de Genève. Décidément je ne sais pas s'il y a au
monde quelque chose plus beau que ton pays.
Je partage à cet égard l'avis de Victor Jacque-
mont, qui aimait tant le lac Léman.

J'ai vu la fameuse Charybde et la traîtresse
Scylla; — Faro où campèrent les troupes de Garibaldi; — sur la côte de Calabre, le village où Murat
fut passé par les armes; — Messine; Reggio; —
l'Etna dans toute sa beauté, couvert de neiges, parfaitement pur. Un peu plus loin, sur la côte de
Calabre, nous avons vu passer le chemin de fer.
En un endroit j'ai aperçu des palmiers qui m'ont
paru être de grands dattiers. Le terrain m'a
semblé fort aride. Le pays est montagneux, mais
déboisé; il est entrecoupé de torrents dont le lit
de galets m'a rappelé absolument nos torrents et
rivières de Bourbon. On y élève cependant des
ponts pour le passage du chemin de fer.

J'ai ainsi passé toute ma matinée d'hier à
admirer le paysage qui se déroulait tout autour
du navire. Le temps était très doux, le navire
n'avait pas de mouvement.

21 janvier.

Ce matin, de six heures et demie à neuf heures et demie ou dix heures, nous avons passé en vue des montagnes de Candie (l'île de Crète), couvertes de neige jusqu'à la plaine. Quel froid vous devez avoir à Paris quand on voit tant de neige dans un pays si méridional ! C'est un cauchemar pour moi d'y penser.

Dans le canal de Suez.

Dimanche 23 janvier 1876, 9 h. matin.

Nous sommes arrivés à Port-Saïd cette nuit entre minuit et une heure du matin. Le tapage infernal qui se fait pour mouiller m'a réveillé, et comme le second m'avait invité à venir manger une soupe à l'oignon, je suis monté sur le pont...

Ce matin, à six heures, j'ai fait un tour de promenade à terre.

Port-Saïd ne m'a pas produit la même impression que lors de notre voyage en 1871. C'est vieux, décrépit, d'une saleté horrible, plein de haillons, les balcons des maisons en ruines et

couverts d'affreuses loques; une odeur nauséa-
bonde se dégage du sol. En 1871, c'était une
ville naissante, conçue dans de larges proportions
et qui semblait destinée à un brillant avenir. En
1876, c'est une ville vieillie dès sa naissance. Au
surplus, les magasins étaient fermés, vu l'heure
matinale. Il y a cependant deux ou trois belles
boutiques de coiffeurs et une grande boutique de
photographie. Il y a aussi deux pharmacies, une
assez belle et qui paraît bien tenue par un Français; — une autre, infiniment moins convenable,
tenue par une espèce de Grec ou d'Italien, bara-
gouinant le français.

Un peu plus loin, on rencontre une place, une
sorte de square, avec un peu de verdure. C'est le
square de Lesseps. Ce square, pour être digne de
M. de Lesseps, devrait être superbe et être orné
de sa statue.

Ce que j'ai vu de mieux, c'est la poste égyp-
tienne. Le bureau est dans une assez vaste
maison, et les employés, très polis, s'expriment
parfaitement en français.

A sept heures un quart j'étais de retour à bord,
et à sept heures et demie le navire partait et faisait son entrée dans le canal. Le soleil était déjà
levé. En ce moment, il est assez haut sur l'horizon
et il pique joliment. A l'aube, la température est
extrêmement douce, les teintes du ciel sont égale-

ment d'une douceur de ton inexprimable. Le lac Menzaleh s'étend à droite du bateau, couvert d'oiseaux de toutes couleurs, sillonné en tous sens par une quantité innombrable de barques aux voiles blanches et pointues. A l'horizon, des nuages rose tendre, d'autres gris-perle, qui vous mettraient dans l'admiration si j'avais le bonheur de vous avoir près de moi.

Quel contraste avec le temps que vous devez éprouver à Paris! La neige, les frimas, le brouillard, la boue, le froid, ce froid terrible, contre lequel vous ne voulez jamais assez vous garantir.

Midi. La température est tellement douce, que je puis écrire sur le pont, sous la tente. Le ciel est couvert, une brise légère causée par la marche du navire entretient la fraîcheur. J'ai revu les mêmes effets de mirage dont vous avez été témoins lors de notre voyage en venant de Bourbon. Les oiseaux roses et blancs posés par myriades sur le lac Menzaleh, sont une des choses les plus curieuses qu'on puisse imaginer.

Le bateau passe en ce moment devant la gare de Querzoli; nous y voyons de la vraie verdure, des arbres, et surtout quelques planches de légumes qui font envie. De l'autre côté du canal, une caravane accroupie avec ses chameaux et un grand troupeau de moutons.

En rade d'Ismaïlia, lac Timsah.

Dimanche 23 janvier 1876, 6 h. 1/2 soir.

La soirée est très belle devant Ismaïlia, dans
le lac Timsah, mais un peu fraîche; aussi je me
tiens dans le salon, occupé à la seule chose qui
calme ma tristesse : vous écrire. Au-dessus de ma
tête, grande gaieté, bal, chants, piano, violon.
On a fait monter le piano sur le pont, et tout ce
monde-là, jeunes et vieux, se sont mis à danser.
Il y a des choses bien curieuses. Entre autres
passagers, nous avons une famille hollandaise :
l'une des demoiselles va rejoindre, à Batavia, son
mari qu'elle ne connaît pas. Ils se sont mariés
par procuration et échange de photographies. Il
paraît que les choses se passent assez fréquemment
comme cela. Tout ce monde-là est plein de vie,
heureux de vivre, gai comme des pinsons.

Ces dames ont une petite chienne, bien moins
jolie que n'était notre pauvre petite Cosette.
Mais ce qui m'a rappelé Cosette, c'est la petite
mouche à vapeur qui va et vient entre le navire
et les gares. Elle avait le drapeau français frappé
à l'arrière, gaillardement, et elle arrivait à toute
vapeur, faisant avec sa machine un tapage infernal, comme Cosette quand elle venait au-devant

de nous, la queue en trompette, la tête haute, jappant et aboyant, tout son petit corps frétillant.

... J'ai découvert aujourd'hui un passager pour Bourbon, M. Denis, qui va à Saint-Benoît comme receveur de l'enregistrement. Un protégé de M. Buffet. Pas trop clérical, cependant, d'après quelques bribes de conversation. Lui ne se doute pas du tout qui je suis et m'a demandé si je connaissais Bourbon et si Saint-Benoît était loin de l'éboulis de Salazie dont un Mauricien causait avec moi sur le pont, pendant que l'on arrivait devant Ismaïlia.

Nous sommes partis d'Ismaïlia à sept heures du matin. La nuit n'a pas été froide comme je l'aurais craint; du reste, je suis très bien couvert et ma cabine est l'une des meilleures du navire. Puissé-je être à peu près aussi bien sur le *Godavéry*.

Ce matin le temps est très doux; nous naviguons entre les berges du canal, ayant de temps en temps des échappées sur le désert. Vers neuf heures nous entrerons dans les grands lacs, à quatre heures nous serons à Suez, et ce soir nous voguerons sur la mer Rouge.

Si on avait annoncé à Moïse ce que M. de Les-

seps et M. Lavalley devaient faire dans ces pa-
rages-ci, le grand prophète aurait été bien étonné,
et il aurait peut-être trouvé qu'on lui parlait mi-
racles plus forts que le sien.

Le canal et les lacs fournissent d'excellent
poisson et en grande abondance.

Comme pureté de lignes et comme couleur, il
est difficile d'imaginer des paysages qui frappent
plus l'imagination que les contours des grands
lacs et les ondulations du terrain du désert. Par-
ci par-là, on voit des embryons de végétation.
Mais quelle douceur de température, quel beau
ciel, quel calme! Vous avez vu tout cela avec
moi en venant de Bourbon, il y a six ans. Quel
dommage que le voyage de retour se fasse sans
vous.

En vue de Suez.

Lundi 24 janvier 1876, 6 h. 1/2 soir.

Nous autres, pauvres voyageurs, nous sommes
contrariés en ce moment. Dans l'après-midi,
nous allions sortir du canal et arriver à Suez,
lorsque tout à coup on nous a fait le signal de
nous mettre en gare. Il y a sur le canal des gares
comme au chemin de fer. Le motif de cet arrêt

était qu'un navire anglais qui nous précède, venait d'échouer et de se mettre en travers du canal. Il faut attendre la marée pour le renflouer, et l'on pense que demain matin de bonne heure le passage sera libre.

J'ai fait plus ample connaissance avec M. Denis, le futur receveur de l'enregistrement à Saint-Benoît. Vous devez être assez peu prévenues en sa faveur, car je vous ai dit, je crois, que c'est un compatriote et un protégé de M. Buffet. Mais je veux dissiper cette impression fâcheuse... Je crois M. le receveur de Saint-Benoît brave homme, car il raconte comment il a fait enrager et scandaliser les missionnaires en prenant, contre eux, la défense de M. Thiers. Défendre M. Thiers contre des missionnaires c'est un bon point, surtout pour un protégé de M. Buffet. Si Buffet le savait!

Nous avons à bord trois missionnaires. L'un d'eux, le plus jeune, va à Bourbon pour être, je crois, professeur au collège clérical. Le pauvre jeune homme faisait pitié, tant il a été travaillé par le mal de mer. Aujourd'hui il a enfin pris le dessus. Il est, au surplus, semblable à un manche à balai de haute futaie. Je lui souhaite d'abord la santé, puis toutes sortes de prospérités, excepté celle de son collège qui n'a été fondé que pour faire concurrence à notre vieux lycée de

Saint-Denis, la gloire de notre colonie! — Les deux autres missionnaires vont en Chine.

Il fait très frais ce soir et il tombe même un peu de pluie, chose assez rare en ces parages pour que je doive la noter en passant.

Le coucher du soleil a été fort beau, du point où nous sommes, en vue de Suez. D'un côté l'horizon est borné par une montagne qui res-. semble au Salève; de l'autre côté, c'est le désert avec ses ondulations à l'infini.

Cette navigation du canal est vraiment inté-ressante. Vous auriez été ravies du lac Menzaleh, de ses mirages, de ses barques et de ses oiseaux roses et blancs et de toutes couleurs, couvrant des espaces immenses : canards sauvages, ibis roses, flamants; il y en a des quantités inimagi-nables. Les grands lacs et les environs de Suez vous auraient aussi ravies par leurs belles lignes et l'admirable lumière qui les éclaire.

Mardi 25, 7 h. matin.

Le maladroit Anglais qui nous barre le pas-sage a été renfloué cette nuit; mais comme il gouverne mal et que le courant le gêne, on attend pour le mettre en route que la marée ait renversé le courant*. Pendant ce temps-là, sept grands vapeurs sont arrêtés à la file. Nous sommes le sixième. On dit que plusieurs autres sont mouillés devant Ismaïlia et dans les grands lacs, attendant que la voie soit libre. Quel dommage que le canal n'ait pas une largeur double ou triple. Il faudra en venir là plus tard.

11 heures.

Pendant le déjeuner, on est venu annoncer au commandant que l'Anglais s'était enfin mis en route. Contentement général. Au café, on vient annoncer qu'il s'est ré-échoué et remis en travers. Malédictions unanimes. Combien de fois cela va-t-il recommencer ? Les navires s'accumulent derrière nous. Rien que dans le bout du canal où l'Anglais nous arrête, nous sommes dix bateaux à la queue leu-leu... Ce matin, nous avons eu un grain de pluie chassé par un fort vent du Nord qui nous aurait poussés en bonne route. Il fait assez froid. Les officiers disent que le temps doit être mauvais dans la Méditerranée et rigoureux en France...

* C'est la marée de la mer Rouge qui produit ce phénomène. Dans la Méditerranée, la marée est insensible.

Midi.

Enfin, on a pu mettre de côté ce malencontreux Anglais, et le passage est libre. Les six navires qui nous précèdent vont commencer leur défilé. Pourvu que le même accident ne leur arrive pas, ni à nous!

Décidément le protégé de M. Buffet est un parfait Thiériste. Il n'est pas du tout clérical. Je viens de l'entendre parler de M. Thiers et de la libération du territoire en termes qui m'ont fait plaisir, mais qui renverseraient M. Buffet. Le missionnaire contre lequel il avait pris l'autre jour la défense de M. Thiers, s'est vengé en essayant de lui faire avoir une affaire avec un officier du bord. Ce M. Denis est musicien, et il avait fait de la musique au piano avec un jeune lieutenant fort aimable garçon. Le missionnaire a raconté que l'officier se moquait du receveur et a essayé de les brouiller. Mais tout s'est expliqué à la confusion du missionnaire. Les choses en sont venues au point d'être rapportées même au commandant, et c'est la grande nouvelle du jour.

J'ai essayé de faire un tour sur le pont. J'en ai été chassé par une froide brise qui souffle du

Nord. Le commandant assure qu'après vingt-quatre heures de mer Rouge, nous retrouverons une température tiède et même chaude. J'en ai grand besoin. J'ai besoin d'air et de chaleur.

On vient de sonner la cloche du goûter. Je suis allé voir si l'on y mange tout de bon. Il y a une vingtaine de personnes à table, messieurs et dames, dévorant le rosbif froid, les galantines, du beurre, du fromage, des gâteaux, des fruits frais et conservés, le tout largement arrosé de vin et de bière. — C'est aux premières, cela. — Aux secondes, rien. Le goûter du milieu du jour est un avantage exclusivement réservé aux premières. Il paraît que mon estomac n'est que de seconde classe, car je n'ai pas eu le courage de toucher à cette mangeaille, qui paraît excellente, d'ailleurs.

Même jour.

Une *mouche* venant de Suez est arrivée tout à l'heure, pour nous dire de nous tenir prêts à partir à notre tour dans un moment. Les officiers du bateau ont demandé aux hommes de la *mouche* si l'on a reçu à Suez des télégrammes donnant quelques nouvelles de France. Rien. Nous n'avons rien pu savoir non plus à Port-Saïd ni à Ismaïlia.

J'en conclus que M. Buffet n'est pas content des élections des délégués sénatoriaux*. Si elles avaient été favorables, l'agence Havas n'eût pas manqué de le télégraphier au monde entier. — Le manque de nouvelles de France nous pèse beaucoup.

4 heures.

Enfin! nous marchons. Nous allons arriver tout à l'heure en rade de Suez.

Mer Rouge. A bord du Tigre.
Mercredi 26 janvier 1876, 4 h. après midi.

A mesure que la distance augmente entre nous, ma tristesse augmente aussi. En partant de Suez, j'ai éprouvé, hier soir, un indicible serrement de cœur, et, si j'avais trouvé le *Sind* en rade de Suez, je ne sais si je n'aurais pas transbordé pour courir sans plus tarder vers vous. Toute la nuit s'est passée dans cette agitation. Le jour venu, je me suis levé et j'ai été regarder les terres d'Égypte et d'Arabie visibles des deux côtés du navire. Nous avons vu un

---

* M. Buffet était alors ministre de l'intérieur.

phare absolument au milieu de la mer ; on porte
aux malheureux qui le gardent leurs provisions
tous les mois ; quelle existence ce doit être!
Nous n'avons pas vu le mont Sinaï, qui a été dé-
passé dans la nuit.

Le temps est beau et assez doux. On ne voit
presque plus la terre, à peine quelques sommets,
comme des nuages, du côté africain. Dès après
le déjeuner nous étions entrés dans la partie
large de la mer Rouge, et le navire a commencé
à rouler et à tanguer un peu.

Jeudi 27.

Je n'ai pas précisément le mal de mer, mais je
suis dans une sorte de malaise perpétuel. Ah!
m'amie, « il n'est pour manoir déifique et seigneu-
rial, que le noble plancher des vaches! Et que
trois et quatre fois heureux sont ceux que les
Parques ont filés planteurs de choux, car ils ont
toujours un pied en terre, et l'autre n'en est
pas loin! » Quand planterai-je mes choux!

Même jour.

Hier soir nous avons vu un moment la terre

d'Afrique. De hautes montagnes dans le lointain.
Aujourd'hui, la mer, l'immensité de tous côtés.
Le temps continue à nous favoriser, nous avons
été poussés par une bonne brise du nord, qui
malheureusement commence à se calmer. On
vient de faire le point. La distance parcourue
en vingt-quatre heures est de deux cent quatre-
vingts milles. Nous serons sûrement à Aden
dimanche soir.

Vendredi 28.

Ce soir, grand festival à bord. Une belle affiche
rouge annonce que « le nain lapon Colibri, prince
Brigbel de Pompavariée, en sautant dans les airs
pour fuir ses créanciers, a bien voulu descendre
sur notre navire par une manœuvre des plus sa-
vantes. Il ne passera qu'un jour parmi nous et
donnera ce soir une représentation au profit des
personnes non mariées. Les gens mariés seront
tolérés par faveur exceptionnelle. »

C'est un officier du bord, charmant garçon,
boute-en-train, qui a inventé cette farce ; il a fait
construire un théâtre où l'on chantera et où il
montrera la lanterne magique.

... Depuis cette nuit nous sommes sous les

tropiques. La chaleur aujourd'hui est de vingt-cinq degrés; quel contraste avec le froid de Paris, il y a quinze jours! et quel contraste avec le temps que vous devez avoir encore, car tout le mois de janvier, tout février et presque tout mars sont affreux à Paris!

Samedi 29.

Hier, à déjeuner, le grand Anglais qui est vis-à-vis de moi à table, a demandé de la sauce anglaise. Sa femme parle un peu français, lui pas du tout. On a compris qu'il voulait de la sauce aux anchois, on est allé en chercher, elle est arrivée trop tard, de sorte qu'on ne l'a mise à table qu'à dîner. Mais ce n'était pas cela. Enfin, au dessert, on a réussi à le comprendre : il s'est fait porter deux belles tomates et il en a fait séance tenante un excellent rougail*, dont il nous a offert. Quoique j'eusse déjà mangé ma poire, j'ai accepté une petite cueillerée de ce rougail, par politesse. Ma foi, c'est la seule chose que j'aie goûtée avec plaisir depuis le commencement de mon voyage.

Hier soir, après dîner, le grand festival annoncé

* Condiment très pimenté.

a eu lieu. On avait décoré la tente avec des lanternes et des drapeaux de toutes couleurs. Il faisait nuit noire et l'éclairage était assez réussi. On a débuté par un morceau de flûte, piano et violon. La flûte, c'était l'économe du bord; le violon, le protégé de M. Buffet. Le piano était tenu par la baronne L..., femme d'un riche Hollandais qui s'en va à Batavia avec sa famille. Ce sont, par parenthèse, des gens très gais et qui paraissent très bien élevés. Je n'ai pas encore causé avec eux. Ils parlent français comme des Français. Après le prélude, un lieutenant du bord, qui a une jolie voix, a chanté : *Plus blanche que la blanche hermine;* puis le protégé de M. Buffet, qui a tous les talents, a chanté une romance; puis, reflûte et violon. Après cela, la toile s'est levée et le nain a fait son apparition et a dit un tas de fariboles fort spirituelles, avec scène de ventriloquie. Pour clôture, ombres chinoises. Le nain était fait par un lieutenant qui s'était grimé de la façon la plus drôle.

On a passé des glaces, des gâteaux et du champagne; je n'ai pas pris de glaces ni de gâteaux : je donnais ce qu'on me présentait à un petit garçon de passage en troisième et qui était venu s'asseoir près de moi. C'est le petit garçon de cette pauvre famille dont je t'ai parlé et qui va à Saint-Denis. Au reste, il y avait énormément de glaces et le commandant en a fait offrir aux passagers de toutes classes. Pour le champagne, j'ai été bien attrapé; l'on m'en a offert deux fois, et j'ai accepté deux fois. Je croyais que c'était le navire qui donnait cela, comme nous l'avions vu faire à bord du *Danube*. Pas du tout! C'était le riche Hollandais. J'en ai été contrarié plus que je ne puis te le dire, et, certes, plus qu'il ne fallait, car ce n'est pas une affaire.

En somme, les officiers du bord et le personnel qui leur ont prêté leur concours pour nous amuser, sont vraiment charmants, et j'ai assisté à la soirée parce qu'il eût été grossier de se retirer dans sa chambre, pendant que d'autres se montraient si aimables pour nous.

Les demoiselles hollandaises ont joué du piano, elles paraissent avoir du talent.

Notre navigation continue à être favorisée. Nous devions avoir depuis hier des vents contraires, nous avons du calme. Demain soir nous serons à Aden. Lundi nous nous embarquerons sur le *Godavéry*, et mardi matin nous ferons route sur les Séchelles et Bourbon.

Même jour, 8 h. soir.

Décidément nous sommes dans les pays chauds. A dîner on a commencé à faire jouer les pankas et ils n'ont pas cessé d'être en branle depuis. Ils ne sont pas de trop.

Voici une nouvelle manière de manger le riz, que j'ai vu pratiquer ce matin par les demoiselles hollandaises de Java, lesquelles mangent du riz avec tous les plats, comme les créoles de Bourbon. Voici le nouveau : elles se servent une bonne assiette de riz, le saupoudrent de sucre et l'arrosent de vin; elles paraissent trouver cela très bon. Je n'ai pas essayé et l'estomac ne m'en dit pas.

Le grand Anglais a fait encore un rougail de tomates, ce soir, pour le dessert, avec le fromage. Ce mélange n'est pas mauvais; mais quelle singulière idée de servir le rougail au dessert!

Nous avons passé, cette après-midi, en vue de plusieurs petites îles, toutes arides et désolées, sauf une seule où nous avons aperçu un peu de verdure. Demain matin, nous verrons Périm.

Dimanche 30 janvier, matinée.

En ce moment, on dit la messe. Les missionnaires la disent tous les dimanches. On leur installe pour cela une sorte de petite chapelle dans la batterie. Ces messieurs ont fortement blâmé le grand festival à l'instar de Paris, donné vendredi. Ils ont surtout vitupéré le protégé de

M. Buffet pour avoir chanté à ce concert une romance d'amour; de quoi le protégé, fort scandalisé, a déclaré ne pas vouloir assister à la messe. « Ces messieurs n'ont pas daigné assister à notre représentation, je n'assisterai pas à la leur.» Ah! que je donnerais quelque chose de bon pour que tous les protégés de M. Buffet ressemblent à celui-ci! Nous aurions aujourd'hui de bonnes élections sénatoriales en France! Espérons, espérons... Vous pouvez en causer avec M. L..., mais il ne faudrait pas que cela allât plus loin, car si on savait au ministère que M. Denis a les opinions qu'il a, ça lui ferait du tort. Tout cela, au surplus, ne l'empêche pas d'aimer et d'estimer beaucoup M. Buffet, qui est, dit-il, l'homme le plus respectable dans la vie privée et avec qui sa famille est liée d'amitié depuis toujours. Mais en politique, M. Denis est vosgien et patriote avant tout. Il trouve la conduite politique de M. Buffet déplorable et n'eût pas voté pour lui. C'est un républicain modéré, très anti-clérical.

Même jour, midi.

Pendant le déjeuner on est venu appeler le commandant, il a eu l'amabilité de me faire avertir immédiatement que le navire allait franchir la passe entre Périm et Bab-el-Mandeb. Je suis monté avec lui sur la passerelle et j'ai pu voir la terre, de très près, des deux côtés. Périm est une île assez basse sur laquelle les Anglais ont élevé un phare, un mât de pavillon et des fortifications. Pas trace de verdure; on renouvelle la garnison toutes les six semaines, tant ils s'y ennuient; les soldats deviennent malades d'ennui. En face de Périm, sur la côte ferme, il y a des montagnes assez hautes, semblables à celles d'Aden. Un peu avant, sur la plage, on voit une grande construction qui semble tomber en ruines, et un bateau échoué sur la côte: ce sont les restes d'un établissement, Cheikh-Saïd, que les Français ont essayé de former là et qui a été abandonné bien à tort. C'est une faute grave de la part de notre diplomatie.

En ce moment, nous avons presque perdu de vue la terre. La côte, à vrai dire, est très basse. Depuis cette nuit nous avons le vent et les courants contre nous. La mer belle cependant. Nous serons à Aden dans la soirée.

Ayant revu les demoiselles hollandaises se régaler à déjeuner de riz saupoudré de sucre et arrosé de vin, j'ai voulu essayer de ce ragoût. Ce n'est pas mauvais. Je vous engage à en goûter. C'est une manière de soupe à l'ivrogne.

Même jour, 4 h. après midi.

J'ai causé longtemps sur le pont avec un ingénieur du Havre, qui va en Chine. Il va là-bas comme employé à l'Arsenal, engagé pour un an, à raison de vingt-vinq mille francs par an. Son passage, aller et retour, lui est payé aux secondes ; ses appointements courent du jour de son départ du Havre, jusqu'au jour de son retour au Havre, mais il devra rester un an à l'Arsenal pour y construire un navire en fer. Ce jeune homme a laissé au Havre sa jeune femme et trois enfants, dont l'aîné a six ans et le dernier dix-huit mois. Il paraît tout triste. Il estime que les dépenses de sa famille en France et les siennes en Chine étant payées, il pourra à son retour mettre au moins vingt mille francs de côté. N'ayant pas de fortune, il a accepté cette offre et fait le sacrifice de laisser sa famille pour assurer à ses enfants un petit capital. Ce vaillant Français m'a vivement intéressé.

Première vue d'Aden.

Janvier 1871.

Qui donc s'est permis de dire qu'Aden était

un affreux trou, un rocher horrible, un ceci, un cela? .

La vérité est que je n'ai jamais rien vu de plus caractéristique et de plus intéressant. Le mot joli ne peut guère s'appliquer à ce point de notre pauvre planète, mais l'adjectif beau convient très bien, et c'est un genre de beauté non vulgaire, assurément.

La rade est splendide; c'est un immense bassin circulaire, où l'on entre par une passe étroite et dont les bords, formés par endroits de hautes montagnes, par endroits de plages sablonneuses, s'étendent à perte de vue. Le territoire anglais est un pâté de montagnes, une presqu'île jointe à la grande terre par un isthme mince comme le corselet d'une guêpe maçonne; mais ce pâté est déchiqueté, tailladé, façonné comme un monument gothique, cela des mains de dame Nature. L'homme, je veux dire l'Anglais, y a mis sa griffe originale et puissante : fortifications de tous côtes, chemins couverts, murs de soutènement, poternes, tunnels, sémaphores, casernes, etc., etc. C'est vraiment grandiose. Arrivés jeudi, 29 décembre, à une heure du matin, à Steamer-Point, nous avons débarqué après déjeuner et nous avons fait en famille l'excursion à la ville arabe d'Aden.

Aden est à trois quarts d'heure de Steamer-

Point, sur la grande mer. On y va de Steamer-Point par des routes superbes; mais les voitures et les chevaux, grand Dieu! quels craquelins! quelles haridelles! quelles araignées! Les rais gros comme des baguettes de tambour, les moyeux gros comme le poing, les jantes grosses comme mon pouce, la bande de fer un fil rond. La caisse, la capote, faites de morceaux qui ne tiennent que par habitude. Mais, comme on le dit avec raison, rien n'est fort comme l'habitude. Tout cet échafaudage étrange forme un ensemble de toute solidité et qui va comme le vent. J'étais émerveillé de voir ces voitures, attelées d'une espèce de *batavia** en lame de couteau, le cocher assis sur le brancard, parcourant les espaces quatre heures durant sans éprouver la moindre fatigue (j'entends les bêtes, qui n'étaient pas fatiguées).

Il est vrai de dire que nous étions favorisés d'une fraîche brise et que le climat est délicieux à cette époque de l'année à Aden.

De la rade, l'aspect des montagnes de Steamer-Point et d'Aden rappelle le cap Noir, sur la route de Cilaos, et le dernier plan ressemble au Piton des Neiges, vu des Trois-Tunnels ou du plateau de Cilaos, avec la végétation

* Race de chevaux de petite taille, comme les chevaux corses.

en moins et toute proportion gardée, car, comme hauteur, tout cela irait à la cheville du Piton des Neiges. N'importe, c'est tout de même très beau et imposant. Dire qu'il n'y a pas de végétation du tout dans ce pays, serait un propos téméraire, car j'ai vu de l'herbe dans certains petits plateaux, et à tout ramasser, on en remplirait bien une brouette. A l'entrée d'Aden, on tente la formation d'une avenue de tulipiers de l'Inde (le grand arbre de notre emplacement); cela a l'air de vouloir réussir. Devant une maison d'Aden, j'ai vu deux ou trois petits pieds de bois-noir*; aux citernes, il y a quelques carreaux; les squares, microscopiques, couverts d'une verdure vraiment charmante. Les pieds de bois-noirs, jeunes encore, ressemblent beaucoup à ceux de Bourbon et forment un ombrage où l'on se repose avec délices. Les citernes sont remarquables; on a utilisé un profond ravin où l'on a fait des barrages qui retiennent un grand volume d'eau; il y en avait de vides, ce qui nous a permis de bien nous rendre compte de la construc-

---

* Arbre de la famille des légumineuses (mimosées); à Bourbon, cet arbre devient très beau et donne un excellent bois de charronnage et d'ébénisterie. — C'est un des rares végétaux qui se dépouillent pendant notre hiver. Au printemps, il se couvre à la fois de fleurs et de feuilles. A la fin de l'été, ses gousses desséchées ressemblent à des lamelles d'or brillant au soleil, à travers le feuillage vert sombre.

tion. C'est un beau travail; on en pourrait faire autant à Bourbon, dans la plupart des ravines, et ce serait d'une grande utilité.

L'eau que boivent les habitants d'Aden vient de ces citernes; on en porte aussi de la grande terre, à dos de chameau, dans des *carangoles** qui n'ont pas l'air très propres; mais c'est un minime détail.

Il y a aussi à Steamer-Point deux machines distillatrices et des puits; mais l'eau de ces puits est saumâtre et potable seulement pour les Somalis, gens de peine de ce pays-ci, plus noirs que culs de marmites, plus mendiants que Clopin Trouillefou ou que chiens affamés, mais bien excusables au fond et faisant pitié, car, après tout, ce n'est pas leur faute, si pareil lot leur est échu au partage des dons de la Providence. Quand je me rappelle que la véritable eau potable, celle qu'on fabrique, vaut ici quatre centimes le litre, je ne viens pas à bout de refuser « baxis » à toutes ces pauvres gueules criant misère, à toutes ces pauvres mains suppliantes.

Baxis! c'est le seul mot qu'on entende dans ces parages. Baxis! ce vocable résume tout. Baxis, c'est une pièce de monnaie quelconque. Jetez baxis le long du bord, aussitôt une troupe

---

* Outres en peau de bouc.

agile s'élance des haubans, des vergues, des bas-
tingages, et poursuit baxis jusqu'au fond de la
mer. Ils se livrent là-dessous des batailles, pour
s'arracher baxis, et l'on voit l'heureux vainqueur
reparaître de l'autre côté du navire, sa pièce
blanche à la bouche. La bouche de ces gens-là
sert à deux fins : couloir pour la nourriture,
coffre-fort pour l'argent. Ils fourrent dans leurs
bajoues tout ce qu'ils attrapent et ils nagent
mieux que les poissons, d'où je conclus que
l'homme est l'animal intermédiaire entre le singe
et le poisson.

Il y a, dans la presqu'île d'Aden, beaucoup de
chacals, dit-on; j'en ai même vu un dans une
excursion que je fis un jour.

Dire de quoi ils peuvent vivre me paraît un
problème digne d'être proposé aux esprits les
plus sagaces. Ils vivent peut-être d'amour, mais
pas d'eau claire, à coup sûr, à moins qu'ils ne se
désaltèrent d'onde amère. Les oiseaux de proie,
éperviers ou petits vautours, pullulent. On les
voit le long du bord attraper avec une grande
dextérité les cochonneries qu'on leur jette. Ils
attrapent de la même façon le menu poisson qui
nage à fleur d'eau. Ils les souquent avec leurs
serres et les dégustent en l'air, car ces oiseaux-là
ne peuvent pas se reposer sur l'eau. C'est fort
drôle à observer.

Au marché d'Aden, il y a des masses de moutons très gras, à grosse queue, des bœufs de Mascate, etc. La nourriture de toutes ces bêtes vient de la grande terre, à dos de chameau. C'est une espèce de roseau, qui fait un fourrage très sortable. Quant aux chameaux, ils valent mieux ici qu'ailleurs, mais n'en sont pas plus jolis pour cela. Au reste, l'Arabe et le chameau, l'un portant l'autre, se complètent. Ils ne sauraient vivre l'un sans l'autre. L'Arabe sans le chameau est décontenancé; le chameau sans l'Arabe est un vaisseau désemparé.

J'oubliais de te dire le prix des voitures, cela varie de trois à cinq roupies (voitures de trois, quatre ou cinq places pour la journée entière). Ce n'est pas cher, comme tu vois. Notre odyssée d'hier nous est revenue à trois schellings par tête. Un cheval coûte pour la journée trois roupies*.

Aie donc la bonté de dire à Ferdinand Lacaze et à Crestien que ceux qui critiquent leurs poteaux télégraphiques et les trouvent trop grêles, ne sont jamais venus à Aden. Ici, ce ne sont pas même des grosses lattes, pas même des bâtons. On n'en voudrait pas à Bourbon pour étendre le

---

* Monnaie de l'Inde anglaise. La roupie vaut de un franc soixante à deux francs, selon le cours du change.

linge au soleil. Ça porte tout de même en Europe des dépêches qui coûtent cinquante-six francs ou cinquante-huit francs les vingt mots. A propos, merci à Ferdinand et à Crestien du télégramme d'adieu qu'ils ont envoyé à M. Laserve et à moi au moment de notre départ.

Dans le bort d'Aden. Steamer-Point.

Dimanche 30 janvier 1876, 10 h. soir.

Nous sommes entrés dans le port d'Aden, il y a une heure environ, et l'on est en train d'amarrer le navire aux bouées. Il ne fait pas très chaud. Une brise légère rafraîchit l'air et l'on voit, sur les montagnes, en face de nous, d'assez gros nuages. Il est tombé beaucoup de pluie à Aden ces jours derniers et l'on dit que les citernes sont presque pleines. Je n'irai pas les revoir toutefois.

Nous sommes mouillés tout près du *Godavéry*, sur lequel j'élirai domicile demain. Vu de nuit, dans l'obscurité, il paraît très grand. Les officiers me disent que c'est un excellent navire, très bien commandé... Je puis donc espérer d'être à Bourbon dans une douzaine de jours; je crois que nous partirons d'ici demain soir; après-demain matin au plus tard.

Steamer-Point est très animé. De tous côtés on voit de la lumière aux maisons. Il y a aussi les feux de toutes couleurs des navires. C'est un assez beau spectacle.

Je ne sais si je pourrai dormir cette nuit, on fera beaucoup de bruit. Le navire a à débarquer mille cinq cents colis, tant pour les Séchelles que pour Maurice et Bourbon. Il y a de grosses machines pour M. Pallu. On se débarrassera ce soir des petits colis; au jour on commencera le transbordement des grosses pièces. Le navire fera également sa provision de charbon cette nuit.

Le câble télégraphique de la mer Rouge est rompu; nous n'avons de dépêches à Aden que celles qui viennent par la Perse.

C'est aujourd'hui un grand jour pour la France : 30 janvier 1876, nomination des sénateurs. Puissent les électeurs avoir fait des choix patriotiques! Puissent-ils avoir compris que la République est le port de salut depuis si longtemps attendu par la France.

Steamer-Point. A bord du Tigre.

Lundi 31 janvier 1876.

Je me suis levé ce matin à cinq heures, pour être sûr de finir cette lettre à temps et puis aussi pour jouir de l'effet du petit jour et du lever du soleil sur les montagnes. J'arrive sur le pont et je vois des nuages chargés d'eau s'engouffrer dans les gorges. En un clin d'œil une forte pluie arrosait la ville et le port. Voir de la pluie à Aden, quelle rareté ! Le consul disait hier que c'est comme cela depuis quelques jours.

Steamer-Point. Aden. A bord du Godavéry.

Même jour, 1 h. abrès-midi.

Me voici installé à bord du *Godavery*, où l'on m'a donné une très belle cabine pour moi seul, comme à bord du *Tigre*. Nous avons, à vrai dire, beaucoup de place et bien peu de passagers. Il n'y a, aux premières, qu'un docteur Brooks et sa femme pour Mahé (Séchelles). Ce M. Brooks est le potentat de l'endroit; M. Allendy, sa nièce et sa sœur, pour Maurice, et, je crois, un autre jeune homme. — Pour Bourbon, M. Denis,

receveur de l'enregistrement, le protégé de
M. Buffet; M. D..., missionnaire apostolique,
qui s'en va apprendre à vivre aux gens de mon
pays et faire la classe aux petits garçons du
collège diocésain; Mme E..., ses deux filles et
son petit garçon. J'oubliais une modiste de Paris,
passagère de secondes, qui va s'établir à Maurice.
Voilà tout notre personnel de passagers.

Le *Godavéry* est un joli navire, excellent, dit-on;
moins grand que le *Tigre,* plus grand que le *Danube.* Le commandant, M. de Boisseul-Baron, est
venu ce matin à bord du *Tigre.* Il m'a paru fort
bien.

J'ai pu avoir, par lui et par M. le docteur Thierry,
médecin du navire, des nouvelles de Bourbon,
bien vagues, bien incertaines et bien tristes.
Le *Godavéry* n'avait pu rester que quelques heures
en rade de Saint-Denis, pressé par l'imminence
d'un cyclone qui a dû s'abattre sur l'île. Précé-
demment un tourbillon de vent, une sorte de
trombe avait passé sur Saint-Denis et avait enlevé
la toiture de la cathédrale et du lycée. — Un
nouvel éboulis aurait eu lieu à Salazie, au même
endroit où tout un village avait été englouti...

...Le protégé de M. Buffet, M. Denis, a eu une
forte altercation avec M. D..., missionnaire. Ce
dernier s'est permis de taper sur Gambetta,

qu'il traitait de rien du tout. M. Denis a relevé
M. D... du péché de paresse. Ah! que je souhaite à M. Buffet beaucoup de protégés de cette
trempe.

La pluie a cessé vers neuf heures, mais le
temps est couvert, la brise fraîche. Aden me
paraît moins bien que lors de notre voyage en
1871. Les montagnes me paraissent moins hautes.
La façon de voir est chose bien relative et bien
changeante!

Steamer-Point. Aden. A bord du Godavéry.

Lundi 31 janvier, 3 h. soir.

M. Baron, notre nouveau commandant, arrive
à l'instant de Steamer-Point. Il m'annonce une
grosse nouvelle : les Anglais ont pris possession
de l'île de Socotora. C'est une grosse, grosse
affaire!

Qu'en résultera-t-il? Vous saurez cela sans
doute par le télégraphe avant que cette lettre ne
vous parvienne.

Mardi 1er février 1876.

Encore de la pluie ce matin à six heures, quand je me suis levé. Décidément c'est le monde renversé, et je me demande ce que peut pronostiquer un aussi étonnant phénomène que la pluie à Aden, et une pluie persistante. Puisse-t-il annoncer que *le flot montant du radicalisme a submergé l'ordre moral* dans les élections sénatoriales.

Les fameux petits marchands juifs que vous connaissez, avec leurs mèches bouclées, sont venus à bord des deux navires nous offrir des plumes d'autruche.

J'ai vu tantôt une chose amusante. Il y a comme toujours, autour du navire, des masses de pirogues de Somalis. Arrive un grain de pluie qui les surprend comme une douche glacée. Tous se précipitent à la mer, vrais gribouilles.

Même jour.

Voici comment s'est passée l'affaire de Socotora. Le gouvernement anglais a envoyé l'ordre, par dépêche chiffrée, au gouverneur d'Aden, de partir avec un gros chargement de pièces d'or et de roupies pour l'île de Socotora, et de traiter de l'achat de l'île avec le chef arabe. Celui-ci a répondu qu'il n'était que le gouverneur, et qu'il dépendait d'un sultan de la côte d'Arabie, qu'il a désigné.

Le gouverneur anglais a fait route à toute vapeur pour la résidence de ce sultan. Le sultan a déclaré qu'il était réellement le souverain et propriétaire de Socotora. Il a consenti à la vente. L'Anglais a payé comptant, et est retourné tout de suite prendre possession.

Même jour, 3 h. après-midi.

Le gouverneur est de retour à Aden depuis avant-hier soir, et la nouvelle de l'occupation s'est répandue de suite. Quand il est parti il avait fait croire à une destination tout autre. On suppose à Aden que les Prussiens avaient jeté les yeux sur cette île et que les Anglais, avertis par leur diplomatie, ont pris les devants. Ici, le dernier informé a été le consul français. Tandis que les dirigeants d'Angleterre achètent le canal de Suez, l'île de Socotora, et ne perdent de vue, nulle part sur le globe, les intérêts de leur nation,

nos dirigeants à nous ne s'occupent que de bâil-
lonner la France et de fausser les manifestations
de sa volonté afin de la comprimer à outrance.
La France n'a pas de plus mortels ennemis que
ces gens-là.

Même jour.

J'ai étrenné mon parapluie. Je ne dis pas mon
parasol, je dis mon parapluie, que tu as fait re-
couvrir à neuf pour mon voyage. J'ai pataugé
dans la boue, faite par de la pluie, et je suis
rentré crotté à bord. Miracle! miracle!

Nous avons visité les boutiques, entre autres
celles de M. Edul jee Manack jee et de M. Jansed
jee Soreb jee. On peut dire que voilà des boutiques mal assorties!

Nos acquisitions terminées, nous avons fait
une longue promenade le long de la mer, sur la
route qui mène à la ville arabe, et nous sommes
arrivés presque au petit tunnel sous lequel passe
la route et dont vous devez vous souvenir. Chemin faisant, nous avons rencontré des fidèles,
faisant leurs dévotions au bord de l'eau, se mettant à genoux, se levant debout, se prosternant
le front à terre, puis se lavant, le tout en cadence.
Voilà de vrais dévots, comme je les aime. Ils ne

gênent personne; partout où ils se trouvent, en
plein air, l'endroit est bon, pourvu qu'il y ait un
peu d'eau douce ou salée, propre ou sale. Ils n'ont
pas un gros budget des cultes, j'imagine. Nous
avons vu passer de pauvres chameaux, chargés à
faire pitié. Nous avons rencontré beaucoup de
Juifs nous offrant « bloum » (plumes d'autruche),
et nous offrant de changer des napoléons pour
des roupies, suivant le cours de la place. Il me
semble que j'ai été moins assailli qu'au premier
voyage par les Somalis, criant baxis. Mais j'en
ai rencontré un charmant; il se baignait à la mer.
Du plus loin qu'il nous voit, il regagne la terre à
la nage, puis nous poursuit à la course, tout ruis-
selant. Figure-toi un joli petit personnage, haut
comme une bouteille, pas plus haut, noir comme
de l'encre, tout à fait mignon; je lui ai donné
dix centimes. Il s'est arrêté pour les montrer aux
Juifs qui passaient. Ceux-ci ont empoché la pièce
et ont conseillé au petit bout de monde, de me
courir après pour en avoir une meilleure. Il galo-
pait comme un petit singe. Paf! il tombe dans
une flaque de boue et disparaît. Elle n'avait pas
besoin d'être bien profonde pour loger cet être
humain microscopique. Il s'est relevé bravement
et est allé se frotter contre un mur pour se
débarbouiller.

J'ai retrouvé les mêmes voitures qu'il y a cinq ans, dont les pièces disloquées sont reliées entre elles par la plus insurmontable des puissances, celle de l'habitude. Cela ne tient que par habitude. Les haridelles sont les mêmes. Les cochers les mêmes. Sous ce rapport, rien n'a changé à Steamer-Point, mais ce qui change, ce sont les maisons qui augmentent de nombre et les fortifications, chaque jour plus formidables. Ces Anglais sont des hommes.

Il faut te dire aussi que la pluie qui règne depuis plus de quinze jours a fait pousser et verdir quelques broussailles sur une pente de colline. J'y ai vu, de mes yeux vu, quelques taches de verdure. C'est un commencement.

En mer (mer des Indes). A bord du Godavéry.
Jeudi 3 février, 1 h. après midi.

Le soir de notre départ d'Aden, le temps s'était remis au beau, et j'ai pu juger de l'effet du clair de lune sur les montagnes et sur le port. Rien de remarquable. J'avais été bien plus impressionné la veille au soir en voyant appareiller le *Tigre*. Le croissant de la lune, presque éteint, laissait filtrer à travers une sorte de brume gris-perle

une lumière douce, paisible et triste. On n'apercevait que les silhouettes des montagnes. Les
navires étaient comme des ombres indécises à la
surface de l'eau, et le *Tigre* filait à travers comme
un fantôme. L'ensemble formait un spectacle
imposant, et l'impression qui en résultait était
navrante. Au retour, tout m'apparaîtra sous un
aspect plus gai.

Vendredi 4.

Le commandant nous a dit à déjeuner qu'on
avait observé, cette nuit, le phénomène de la
mer de lait, de deux à quatre heures du matin.
Je regrette bien de n'en avoir pas été averti. Je
ne dormais pas, à ce moment-là. Ce doit être
un beau spectacle que celui de la mer, blanche
comme un champ de neige. En allant à Bourbon, à bord du *Phare*, nous avons observé un
phénomène semblable, mais moins marqué. Tu
dois t'en souvenir. Il y a de cela longues années.

Hier j'ai vu apparaître sur le pont un petit
Arabe de trois à quatre ans, porté dans les bras
d'un Indien. C'est le fils d'un négociant arabe
de Maurice, passager de seconde, et qui voyage
avec sa femme, un domestique et son enfant. Le

mari et la femme n'ont pas bougé de leur cabine.
Ils envoient l'enfant de temps en temps sur le
pont pour prendre l'air. Ce moutard avait pour
jouet une allumette attachée par le milieu à un
fil. J'ai essayé de faire comprendre à l'Indien qui
lui sert de bonne que c'est là une mauvaise
espèce de joujou, et je lui faisais signe de la
jeter à la mer. Le petit Arabe a compris de quoi
il s'agissait, et il s'est mis à m'accabler d'impré-
cations. Comprenant à mon tour que nul ne
doit être dépossédé de sa propriété sans une
juste et préalable indemnité, j'ai sorti de ma
poche mon cher groupe photographique qui est
sous double enveloppe; j'ai pris une enveloppe
que j'ai attachée à un fil, et je l'ai offerte au moutard contre son allumette. C'était un joujou bien
autrement distingué et volumineux, tourbillon-
nant au vent comme un beau papillon blanc. Le
petit brigand d'Arabe a empoigné le nouvel
engin et a gardé l'allumette, et il a filé, triom-
phant. Je lui promets une grande fortune ou le
bagne, s'il continue à faire le commerce d'après
ces principes-là.

En mer. A bord du Godavéry. *Lundi 7 février:*

Nous voilà dans l'hémisphère Sud. Nous avons

passé l'équateur ce matin. Nous devrions être aux Séchelles; nous y serons seulement demain dans l'après-midi. Il ne fait pas trop chaud; l'air est rafraîchi par une brise légère qui souffle du nord-est et par de fortes averses qui viennent de temps en temps et ne durent que quelques minutes. La mer est calme; le navire bouge peu.

Aujourd'hui tout le monde est sur le pont, même l'abbé D..., qui a été le plus éprouvé de nous tous par le mal de mer. L'abbé D... a signalé son rétablissement en donnant trois démentis de suite, en trois minutes, au protégé de M. Buffet qui racontait comme quoi son curé avait mis à l'encan le saint de la paroisse. Le protégé de Buffet ne peut pas digérer ces trois démentis. Ne pouvant pourtant pas se battre en duel avec un prêtre, il a déclaré que la prochaine fois que l'abbé lui adressera la parole, il lui dira que son impolitesse rend toute relation impossible avec lui... Ah! le bon protégé qu'a M. Buffet!

Avec moi, l'abbé est assez gentil. A vrai dire, il était si accablé par le mal de mer la première fois que je l'ai rencontré, que j'en ai eu compassion et que je lui ai donné quelques conseils médicaux dont il s'est bien trouvé.

Mardi 8.

Nous n'avons vu ni requins, ni baleines, dans notre traversée, mais nous avons rencontré, il y a deux ou trois jours, des quantités innombrables de poissons volants. Ils s'élevaient dans l'air en immenses volées. Le soleil les faisait paraître comme de l'argent. C'était un beau et amusant spectacle.

Même jour, 11 heures.

Avant déjeuner nous avons passé en vue de l'île aux Vaches (marines), toute plate, sablonneuse, où l'on voit pour toute végétation un grand arbre qui de loin paraît gigantesque. On dit que de près c'est un bouquet d'affouches, assez maigre. En ce moment la silhouette de... *Silhouette* se dessine devant nous sur l'horizon brumeux. Dans deux heures nous serons à Mahé.

Je viens de rencontrer sur le pont mon petit scélérat d'Arabe. C'est un mioche de trois ans, admirablement joli. Je lui ai donné un petit biscuit anglais. Il l'a pris, puis m'a salué en portant sa main à sa tête et m'a dit : *Salam.* Il est tout à fait joli ce petit brigand, qui l'autre jour m'a emporté mon enveloppe sans me donner en échange son allumette.

A propos! je suis tout à fait étonné que le feu ne soit pas mis au navire dix fois par jour, avec les allumettes que les fumeurs sèment de tous côtés.

Même jour, 1 h. après midi.

Le défilé des Séchelles va commencer. A droite du navire nous apercevons l'île du Nord et Silhouette; à gauche, Praslin, Armide, Félicité, Curieuse, l'île Aride, les Deux-Mamelles; devant nous Mahé.

Nuit du 8 au 9, minuit.

Nous avons mouillé à quatre heures devant Mahé. Le commandant m'a invité à venir avec lui sur la passerelle, afin de mieux jouir de la vue. Nous avons passé presque à toucher cette ravissante île Sainte-Anne près de laquelle le *Danube* était mouillé, quand nous sommes venus, en 1870, tu te le rappelles. Puis le commandant est entré dans le port et a fait amarrer le

navire à une bouée, assez près de terre afin de
faciliter le débarquement des machines Pallu.
Quelle admirable nature que celle de ce pays-là !
Sainte-Anne, la Bouée, la Moyenne, la Ronde, la
Longue, l'île aux Cerfs, l'Anonyme, autant d'îlots
fermant la rade et disposés pour le plaisir des
yeux. Presque tous couverts d'arbres parmi lesquels domine le cocotier. Il y a sur l'île Sainte-
Anne une maison d'assez jolie apparence. Quel
bon nid ce serait pour nous, si..., si... Avec les
si on irait loin !

... Tu sais le désir que j'avais de traverser l'île
Mahé, de manière à voir le rivage opposé à celui
où l'on débarque. Eh bien ! nous en venons. Une
fois arrivés à terre, il faisait un clair de lune splendide. Nous avons pris, mon confrère M. Thierry
et moi, le sentier que tu te rappelles peut-être
avoir vu serpenter au-dessus de la ville de Mahé,
je te l'avais fait voir à la lorgnette, à bord du *Danube*, tu dois t'en souvenir. Donc, M. Thierry et
moi, nous avons pris le sentier et, tout doucement,
en nous promenant et en causant philosophie et
sciences naturelles, nous avons gravi la montagne,
puis nous sommes descendus le versant opposé,
jusqu'à la mer. Te dire les sites admirables que
nous avons traversés est impossible. Quelle végétation puissante ! Nous nous sommes promenés
sous les cocotiers, et le fruit de cet arbre vertueux,

comme disait le pauvre de Leïssègue, n'est pas
tombé sur nous, ni même à côté. L'effet du clair de
lune sur le feuillage des cocotiers était merveilleux.
Mais ce que j'ai vu de plus beau dans toute cette
excursion qui a duré près de quatre heures, c'est
la plage sur la grande mer. Figure-toi une nappe
de sable, blanche, éblouissante, immense : la solitude complète; par-ci par-là, une lumière dans
le lointain, indiquant la case de quelque créole.
J'ai écrit tes initiales et les miennes et celles des
petites chéries, comme nous faisions quelquefois
à Saint-Pierre, dans nos promenades sur notre
plage moins belle que celle-ci. Nous avons été
nous asseoir un moment sous un filao* qui a eu la
bizarrerie de pousser sur un rocher perdu au bout
du récif. Nous n'avons pas pris de bain, mais à
regret, car le flot limpide et peu profond nous y
invitait. Enfin nous nous sommes arrachés à ce
lieu enchanteur et nous avons regagné la ville,
que nous avons parcourue presque en tous sens.
C'est ravissant. Le paradis terrestre devait être
comme cela. Partout de l'eau, des ruisseaux lim-
pides, des cocotiers, des touffes de bambous, des
bosquets d'arbres de toute espèce. Les cases sont

---

* Filao *(casuarina equisetifolia)*, arbre très rustique et qui se
contente des plus mauvais terrains. Les premiers filaos plantés à
Saint-Pierre y ont été portés par mon grand-père de Mahy à la fin
du siècle dernier.

nichées là-dessous. En passant près de quelques-
unes de ces cases, j'ai entendu jouer du bobre et
cela m'a ramené à l'époque de ma première jeunesse; quelquefois nous entendions des bribes de
conversations et ce créole français me faisait
presque autant plaisir à entendre que le son du
bobre. Plaisir mêlé d'amertume et de tristesse :
mes trois chéries n'étaient pas avec moi, et puis,
ce pays-ci, qui est Français, nous a été arraché.
C'est le drapeau anglais qui flotte à Mahé. J'ai
eu le cœur serré quand j'ai vu, dans l'après-midi,
l'embarcation du médecin anglais, couverte des
couleurs anglaises, s'approcher de nous. C'est le
premier Empire qui nous a valu la perte des Seychelles et de Maurice. Le second Empire n'a pas
été moins fatal... Notre Alsace-Lorraine !... Ah !
ceux-là qui veulent la restauration de cette monarchie maudite ou de toute autre monarchie,
ceux-là ne sont pas Français.

Au retour de notre excursion, nous sommes
allés, chez le représentant de M. Pallu, prendre
le gîte qui nous était offert. Là, j'ai pensé et re-
pensé, je me suis bien informé pour savoir si l'on
pourrait nous ramener exactement à bord demain
matin, pour l'heure fixée par le commandant.
J'ai vu qu'on n'était pas très sûr d'avoir des rameurs pour cinq heures du matin; j'ai alors pris
le parti le plus sage : revenir tout de suite cou-

cher à bord; à cette condition seule je pouvais être tranquille. Le représentant de M. Pallu a été d'une complaisance parfaite.

Il nous a prêté un canot et trois rameurs qu'il a trouvés encore dans leur case et auxquels mon confrère et moi nous avons donné une petite gratification.

Et nous voici de retour, sains et saufs, à bord du *Godavéry* où l'on travaille au débarquement des colis.

9 février 1876. A bord du Godavéry.

Quand nous avons quitté les Séchelles ce matin, la pluie tombait à torrents. Dans l'après-midi, le temps s'est mis au beau et en ce moment nous avons une température tiède, une mer calme, un ciel parsemé de beaux nuages et éclairé par la lune, dont l'éclat est, par moments, incomparable.

Je suis encore sous l'impression de ma promenade d'hier soir. Ce qui m'a le plus séduit, c'est le calme merveilleux de cette nature, s'emparant bon gré mal gré de votre esprit. Je me sentais bien à mille lieues de l'Assemblée et de la politique.

Je me figure que dans ce petit pays de Mahé où la nature est si bonne, les gens aussi doivent être excellents. Par malheur, je n'ai pu causer avec personne. Mais ce que j'affirme, c'est que les chiens y sont parfaits. Nous en avons rencontré plus d'un. Ils se contentaient d'aboyer, sans doute pour avertir leurs maîtres qu'il y avait des passants sur le chemin. Ils venaient jusqu'au bord de la route et nous regardaient. Mais pas un n'a fait mine de vouloir s'approcher pour nous mordre. Ce sont de sages chiens faisant bien leur office de gardiens, et pas du tout agressifs. Plus d'un homme politique des classes dirigeantes ferait bien de prendre exemple de la race canine séchelloise. . . . .

Hier soir, pendant que j'étais sur le pont, toutes les poésies que je connais sur la mer, me revenaient à l'esprit, et j'avais envie de les réciter, ce que je n'ai pas fait, car on m'aurait pris pour un fou. Mais à Mahé, la *Nox*, de Leconte de Lisle, m'est échappée. C'est quand nous avons commencé à découvrir cette belle plage, dont je t'ai parlé. Lisez dans le petit volume des poésies complètes la pièce intitulée *Nox*, et vous aurez une idée exacte de mes sensations à ce moment, et de l'atmosphère qui m'enveloppait. . . . .

J'ai appris, hier à dîner, la manière de faire un plat d'épinards sans épinards. On prend des feuilles de radis et on les accommode comme des épinards au gras. Je ne sais si ce serait bon, au sucre; mais au gras, c'est très bon et très salubre.

Vendredi 11.

Quatrième semaine depuis mon départ de Paris. Elles ne passent pas vite, les semaines ! — Nous avons très belle mer ce matin, et la température est rafraîchie par des grains de pluie qui viennent de temps en temps. Hier, dans l'après-midi, nous avons eu une alerte. La mer grossissait et l'horizon devant nous était sombre. Aussitôt on a serré les voiles, descendu les vergues, armé les paratonnerres et modifié la route. Nous en avons été quittes pour une forte pluie.

Samedi 12.

... Reste à parcourir deux cents milles. Donc, sauf les risques et fortunes de la mer, nous

devons voir Bourbon demain dans la journée et
y débarquer dans la soirée.

Hier soir le coucher du soleil a été très beau,
trop beau même. Tu te rappelles ces étranges
teintes cuivrées qui ont précédé un des grands
ouragans à l'époque où nous devions partir de
Bourbon sur l'*Eugène et Marie*. C'était cela ! et
le baromètre avait un peu baissé. De sorte que
chacun paraissait un peu soucieux. Dame ! c'est
la saison, et ce sont les parages où passent les
cyclones. Mais nous sommes si près du port !

Le navire danse de la belle manière.

Dimanche 13.

Hier après midi, nous avons encore eu des
apparences de mauvais temps. Le commandant
a pris ses précautions. Il a fait enlever jusqu'aux
tentes, qui offraient trop de prise au vent, et il a
fait faire route entre Maurice et Bourbon, de
façon à se réfugier à Maurice s'il le fallait. Nous
en avons été quittes pour de gros grains, et aujourd'hui le temps est bon, quoique la mer soit
un peu forte. Nous arriverons sûrement à Saint-
Denis aujourd'hui et je débarquerai ce soir.

Saint-Denis, île Bourbon.

Même jour, dimanche 13 février 1876, 11 h. soir.

Quoiqu'il soit bien tard, je ne veux pas déroger à l'habitude si douce pour moi de causer un peu avec toi.

A quatre heures et demie, le *Godavéry* a jeté l'ancre sur la rade de Saint-Denis. Peu d'instants après, je suis descendu à terre, dans le canot de la santé où mon confrère Herland m'a offert place pour moi et mes bagages. Sans être sûr de mon arrivée, on y comptait un peu, de sorte qu'il y avait beaucoup de monde sur le pont et sur les quais. Vous pensez avec quelle joie, quelle émotion profonde, je me suis retrouvé, après une séparation de cinq années..., et quelles années..., au milieu de mes compatriotes!

C'est vers midi que nous avons commencé à voir la terre. Le *Godavéry* n'a pas longé la côte comme le *Phare*, lors de notre venue dans la colonie en 1867, de sorte que je n'ai pas eu l'enchantement de tout ce merveilleux rivage se déroulant de Sainte-Rose à Saint-Denis; et puis, vous n'étiez pas avec moi. Et pourtant le peu que j'ai vu de l'île en arrivant tout droit sur Saint-Denis est encore ce qu'il y a de plus beau, depuis le départ de France. Notre capitale vue de la mer, avec ses édifices, ses maisons, ses montagnes verdoyantes, Saint-Denis est admirable. De la passerelle du *Godavéry*, je ne pouvais m'arracher à la contemplation de mon pays. — J'ai débarqué *trente* jours après notre séparation à Saint-Cyr. — J'habite chez mon cousin, Hervé de K/véguen, qui m'a offert la plus affectueuse hospitalité. Marie et Hervé m'ont donné une grande chambre, qui ouvre sur la *varangue**. Vous pensez ma joie de retrouver chez eux ma chère vieille marraine, Mme de K/véguen. Elle porte sans fléchir ses quatre-vingt-trois ans. Elle n'a pas changé. Elle est toujours la femme de haut caractère, d'imperturbable bon sens et d'inépuisable bonté que vous avez connue.

.   .   .   .

Beaucoup, beaucoup d'autres visites. — Une des premières a été celle de Saurin, ancien esclave de mon père. Le bonhomme, comme tous ses camarades, au surplus, a conservé un culte pour nous. Saurin s'est fait une petite position. C'est un bon petit propriétaire de la montagne et du camp Ozoux, case à la ville et à la campagne. Fin

* Galerie couverte qui orne la façade de la plupart des maisons à Bourbon.

comme l'ambre, bon comme du bon pain, et ayant porté, lui et les autres, le deuil du maître, parce que le maître était bon. Ah! ces gens-là sont bien dignes de la liberté que la Révolution de 1848 leur a donnée. . . . . . .

Saint-Pierre. Mardi 22 février.

Je voudrais vous dire les détails de mon voyage depuis Saint-Denis. Le cordial accueil qui m'a été fait partout, ma joie d'être à Saint-Pierre, de retrouver mes compatriotes, les témoins de toute ma vie. . . . .

...... Mon cousin et confrère le docteur Le Cocq m'a emmené chez lui. Il m'a installé dans un grand pavillon qui donne sur la rue des Bons-Enfants. . . . .

...... Pourquoi faut-il qu'un gros chagrin se mêle à tout ce bonheur! Nous avons eu samedi dernier, 19 mars, un cyclone. Les plantations ne paraissent pas avoir trop souffert, mais la tempête a été très forte en mer, et l'on craint bien des désastres...

Mardi 29 février.

... Notre maison est toujours charmante, l'emplacement admirable de verdure et de fraîcheur. Les cocotiers, l'allée de palmistes, le grand arbre, le camphrier, le dattier, la vieille vigne énorme échappant de la treille et portant d'arbre en arbre sa liane immense, les manguiers donnent à notre petite demeure un cachet agreste tout à fait distingué et particulier.

1er *mars.*

Bonne nouvelle : le *Louis* est retrouvé ! On le croyait perdu. En partant de Saint-Denis, j'avais mis ma malle sur ce bateau qui partait pour Saint-Pierre. Le cyclone l'a chassé loin en mer, où il a été rencontré. On espère qu'il sera bientôt rentré au port. Ce petit navire, bien commandé, est de Saint-Pierre.

Des hauts de la Ravine Blanche. Saint-Pierre.

2 mars, 5 h. matin.

Il fait grand jour. Je vais profiter de la fraîcheur du matin pour faire, avec Potier, une promenade dans sa propriété. La nuit a été très fraîche, et la couverture de laine est nécessaire. Quel admirable climat et quel beau site ! La vue des montagnes, des champs étagés et de la mer, dans cette région-ci, a un caractère particulier. Aucun détail n'est perdu. C'est magnifique et gracieux à la fois. Potier a un joli parterre où toutes les fleurs européennes viennent à charme.

Vendredi 3 mars, 11 h. soir.

Ce matin à six heures, départ avec Just Hoareau pour la Ravine des Cafres, Montvert, l'Anse, la Ravine du Pont, le Petite Ile, les Grands-Bois... La pluie tombait à torrents lorsque la foule est venue au-devant de moi à Montvert, drapeau en tête, à grands coups de canon, de fusil et de pistolet. Discours à tout bout de champ. Le peuple de Bourbon adore parler et entendre parler, et il parle très bien. Il a le don naturel de l'éloquence. Les plus belles visites ont été aux écoles laïques des garçons et des filles, admirablement tenues. La commune de Saint-Pierre a réalisé le problème de l'enseignement primaire gratuit. Elle a mis à la portée des populations des écoles laïques et des écoles de frères et de sœurs, qu'elle subventionne impartialement. L'éducation y est très libérale.

Saint-Pierre. 5 mars.

Ma malle est enfin de retour à Saint-Denis, *ma coureuse de malle*, comme dit M. Adrien Bellier. Un télégramme du capitaine du *Cosmopolite*, et un autre télégramme de Constant Armanet, l'associé d'Hervé, m'annoncent qu'elle a été sauvée. Mais quels événements tragiques amenés par l'ouragan! Vous verrez par les journaux la terrible rencontre du *Saint-Vincent-de-Paul* et de l'*Étienne-et-Laurent*. Quant au pauvre bateau le *Louis* (porteur de ma malle), rencontré en pleine mer par le *Cosmopolite*, on a pu sauver les quelques colis qu'il contenait et son équipage. Mais le bateau a sombré et le pauvre patron Lacarrate, un brave homme de la Terre-Sainte*, que je connaissais, un coup de mer l'a emporté. Ce matin de bonne heure, le lieutenant du port m'avait fait dire que le bateau, sa cargaison et son capitaine Lacarrate étaient perdus, mais que l'équipage avait été sauvé. J'avais facilement fait mon deuil de ma malle, ne regrettant que la mort de Lacarrate.

---

* *Terre-Sainte,* faubourg de Saint-Pierre, principalement habité par des pêcheurs, inscrits maritimes.

Chez M. Émile Bellier, à Sainte-Marie.
Samedi 11 mars, 7 h. 1/2 matin.

... J'ai été interrompu par Émile Bellier, qui est venu me prendre, ainsi que je l'en avais prié hier soir, pour aller au bain froid. Une charmante petite rivière longe sa propriété. L'eau limpide court sur un lit de grosses roches; par endroits elle bouillonne et forme des baignoires naturelles. Je m'y suis plongé avec délices et savonné comme je faisais à Vich dans le canton de Vaud et à Saint-Denis dans la rivière. J'ai oublié de te dire qu'à Salazie, j'ai également pris un bon bain froid dans le magnifique courant de la rivière du Mât qui passe au village. Là, il faut prendre garde de n'être pas entraîné. L'eau coule avec violence, entre des escarpements superbes, et se jette dans la cascade, au-dessous du pont.

Saint-André. — Au Colosse, *chez M. Albert de La Serve.*
Nuit du dimanche 19 au lundi 20 mars.

Grande journée aujourd'hui. M. Laserve* a été nommé sénateur. Le collège électoral était pré-

---

* Alexandre Robinet de La Serve, fils de Nicole de La Serve, l'un de nos plus grands citoyens et l'un des promoteurs de l'abolition de l'esclavage. M. Alexandre de La Serve, mon éminent collègue à l'Assemblée nationale, était le chef du parti républicain

sidé par M. Tandrya, juge d'instruction, en l'absence du président du tribunal, M. Guy de Ferrières, malade à Salazie. La proclamation du vote a été accueillie avec enthousiasme. Une foule immense encombrait les salles, les escaliers, la cour de l'hôtel de ville, qui est très vaste, et s'était massée jusque dans la rue. Le soir, une fête de nuit magnifique a été organisée pour célébrer la nomination de mon grand collègue. Il y a eu musique, et illumination à giorno du jardin de l'État et de la rue de Paris. Beaucoup de discours. Après la fête, je suis parti avec Albert de La Serve, frère de notre sénateur, et avec M. Lagourgue, pour le Chamborne, d'où je vous griffonne ces lignes. Je devrais vous dire quel accueil somptueux et cordial j'ai reçu chez Albert, chez M. Bellier, chez M. Sénaud, chez M. Trésarricq.

Grande îlette 3ᵉ catégorie. Chez M. Alexis Robert.

Jeudi 23 mars, 1 h. 1/2 matin.

Ce matin à quatre heures j'étais debout chez Albert de La Serve, au Chamborne. J'ai fait lever

dans la colonie. Il avait pris l'habitude de signer *Laserve*. Le public l'appelait *Tom Laserve*. Il était l'homme le plus populaire et le plus justement influent de la colonie. Sa mort a été pour nous tous un malheur irréparable.

mon monde, et à quatre heures et demie nous
étions en route, par une pluie battante... La pluie
nous a quittés du côté de l'Escalier. La route de
Salazie était d'une merveilleuse beauté; les montagnes sillonnées de cascades éblouissantes. Au
village, j'ai rencontré le maire, M. Cazeaux, descendu tout exprès de son *îlette**, malgré son grand
âge. J'ai fait visite à mon confrère et excellent
ami Auguste Vinson, malade, et j'ai vu sa plantation d'arbres à quinquina qui est fort bien
réussie. Vinson aura contribué à doter la colonie
de cet arbre précieux.

A dix heures et demie du matin, nous étions
à Hell-Bourg**. Nos amis m'ont conduit à l'hôtel
Cuzard. Immédiatement le banquet a été servi.
M. Cuzard est un Européen, élève des grands
maîtres, et grand maître lui-même en l'art culi-
naire. Il tient un hôtel dans l'ancienne maison
Crémazy. *La salle verte* était dressée sous la
galerie, ouverte en face du piton d'Anchaing, de
la plaine des Chicots, de la plaine des Fougères
et du Cimandef. C'était un spectacle féerique,
et un repas aussi exquis que copieux. On n'est
pas mieux servi dans le meilleur restaurant de

---

* On appelle ainsi, à Bourbon, les localités circonscrites comme
des îles par des cours d'eau, des ravines, et même de simples plis
du terrain, sur les pentes des montagnes.

** Du nom de l'amiral Hell, ancien gouverneur de la colonie.

Paris, ni chez le particulier le plus opulent. Et ces braves gens regrettaient de n'avoir pas eu le temps de faire des préparatifs pour me recevoir. Que pouvaient-ils donc me destiner ?

Après déjeuner, la pluie a recommencé, ce qui ne nous a pas empêchés de continuer notre route. A cinq heures du soir, j'étais arrivé à l'endroit de la grande catastrophe. J'ai donc vu une partie des terrains éboulés. Nous verrons le reste demain en nous rendant à la Nouvelle, mais ce que j'en ai vu est formidable. Pour arriver chez M. Alexis Robert, il a fallu traverser un affluent un peu grossi de la rivière du Mât, le bras de *Fleurs Jaunes* (celui qui avait été intercepté par l'éboulement et qui s'est frayé depuis une issue). Nous avons été obligés de recourir aux *passeurs*. L'un d'eux, un jeune homme taillé comme l'Apollon du Belvédère, m'a pris sur ses épaules et m'a transporté de l'autre côté, en courant et sautant à travers le torrent boueux. J'en étais émerveillé. Ce brave garçon, nommé Vidot, est un des trois survivants de la catastrophe du Grand-Sable, dans laquelle soixante-deux personnes ont été ensevelies sous les décombres. La case de Vidot avec le terrain qui la supporte et les plantations qui l'entourent étaient situés sur la rive droite d'un profond ravin. Le ravin a été comblé par les décombres croulant du haut de

la montagne, et un ruban de terrain arraché de
ses assises s'est déplacé, a glissé et est allé couvrir d'autres plantations, un kilomètre plus loin
sur la rive gauche. M. Vidot était absent. Deux
personnes, ses parentes, seules dans sa maison et
seules témoins de ce grand drame, ne s'en sont
pas rendu compte de prime abord. Frappées de
stupeur par la soudaineté du cataclysme, elles
ont été prises de vertige et ont cru un moment à
la fin du monde.

A Mafate, chez Milho. Samedi 25.

Hier la journée a été rude et magnifique.
Nous sommes partis de chez M. Alexis Robert à
six heures du matin, avec mauvais temps. Tantôt
à pied, tantôt transportés en fauteuil, nous
avons étudié les lieux voisins de la catastrophe
du Grand-Sable. J'ai pu parcourir les points cul-
minants et me faire une idée du phénomène. Je
l'attribue à l'action des eaux d'infiltration qui ont
détaché et fait glisser un énorme contrefort du
Gros Morne. Cette masse effrayante, en se dépla-
çant, a comblé des torrents, nivelé des vallées,
poussé devant soi des terrains cultivés et plantés
d'arbres, et englouti une superficie de cent
soixante-trois hectares; propriétés, habitants,

animaux, tout a disparu sous les décombres de la montagne éboulée, sauf les terres déplacées.

Les matériaux accumulés dans les ravines ont intercepté le cours de plusieurs affluents de la rivière du Mât et ont formé un grand lac. Puis une débâcle est survenue, et une partie de ce lac s'est vidée et se vide encore dans la rivière du Mât par le bras de *Fleurs Jaunes* devenu un torrent de boue. Les terrains laissés à découvert par l'écoulement partiel de l'eau nouvellement accumulée formeront un plateau dans le genre de la partie la plus plane du plateau de Cilaos, et un étang comme celui de Cilaos persistera dans la portion la plus déclive. Tout cela se couvrira de végétation, et l'homme s'y établira de nouveau, comme il s'est établi dans ce pays sur des formations du même genre, jusqu'à ce que d'autres cataclysmes viennent momentanément le déranger. Les futurs habitants cultiveront le tombeau où dorment, à des centaines de mètres de profondeur, leurs infortunés devanciers, qui ont dû croire à la fin du monde. Les individus disparaissent, le théâtre qui les supporte se transforme et l'humanité survit. Mais elle aussi, un jour, disparaîtra comme tant d'autres races dont les débris attestent l'existence ancienne.

Après avoir parcouru bien des kilomètres, tantôt à pied, tantôt en fauteuil, nous avons

abordé les pentes accessibles aux seuls piétons.
Ma foi, la fatigue a été grande, mais quelle compensation dans la magnificence du spectacle
étalé sous nos yeux! Nous étions partis avec la
pluie, le temps s'est arrangé comme à plaisir,
nous dispensant le soleil et le brouillard de la
façon la plus opportune et la plus intelligente.
A onze heures, après une rude montée, nous
avons déjeuné au bord du torrent de *Fleurs-Jaunes,*
au-dessus des terrains bouleversés. Là, il est
d'une admirable pureté; c'est un puissant cours
d'eau, bouillonnant au milieu d'immenses rochers. Là, il y a des vasques délicieuses, des dou-
ches naturelles de toutes dimensions. Lépervanche et moi nous n'avons pas pu résister à
l'attrait et nous avons pris, avant le déjeuner,
un bain et une douche glacée. Nous en sommes
sortis défatigués, le corps souple, agile et ca-
pable des plus hauts exploits. Nous avons déjeuné des provisions froides que M. Alexis
Robert nous avait données. Une vaste roche
plate nous servait de table. A cette altitude et
sur ces pentes abruptes, il n'y a plus aucune
habitation.

Tout de suite après déjeuner, nous nous
sommes remis en route et nous avons gravi
les pentes du Piton de Fourche pour sortir du
cirque de Salazie et entrer dans le cirque de la

rivière des Galets. Beaucoup de fatigue, beaucoup de plaisir, mais pas trace de danger, à
moins d'être trop imprudent ou trop maladroit.
Cela ne se compare pas à mes anciens voyages
au Piton des Neiges et au Gros Morne.

Nos compagnons de route, excédés de fatigue,
ont passé la nuit chez un riche habitant de la
Nouvelle, nommé M. Valon. Lépervanche et moi
nous sommes arrivés à Mafate hier soir à huit
heures seulement; c'est vous dire que nous avons
été surpris par la nuit noire dans les rampes qui
conduisent de la Nouvelle à Mafate. Nous
avions heureusement un fanal et Milhet-Fontarabie en avait envoyé un autre à notre rencontre,
dès que notre approche avait été signalée par nos
coups de fusil et par nos cris. On entend de très
loin dans ces gorges de montagne, et on a des
signaux convenus.

Notre arrivée à Mafate a été très pittoresque.
Le dernier passage s'appelle le *Trou du Chat*.
C'est une étroite voûte naturelle sous une accu-
mulation de rochers énormes. On y glisse le
long d'une échelle des plus rustiques et des plus
solides.

Milhet, M. Laugier et M. du Mesgneil d'En-
gente nous attendaient sur le bord de la rivière
des Galets et nous ont fait le plus gracieux
accueil. Milhet nous avait fait préparer un bon

bain d'eau sulfureuse. Vous savez que Mafate
est une de nos stations minérales. Ce bain m'a
fait beaucoup de bien...

J'ai passé une bonne nuit, et je me suis levé
ce matin très dispos. Je suis content de mon
voyage, à tous égards; mais une des choses qui
m'ont le plus contenté, c'est le progrès du reboisement de nos montagnes. Le service des
eaux et forêts est bien conduit par Lépervanche.
Les résultats acquis sont déjà considérables, et je
crois que dans vingt ans toutes les pentes que le
feu, la dent des animaux et la main de l'homme
avaient dégarnies, seront recouvertes de végétation.

Demain matin, avant la messe, il y aura ici
une réunion électorale. Mafate possède une
petite chapelle provisoire en attendant la construction de l'église sous l'invocation de Notre-
Dame de Lourdes. — Saint-Leu a Notre-Dame de
la Salette, Mafate veut lui faire concurrence. On
a créé, pour l'emplacement de l'église, une jolie
petite plate-forme en pierres qui domine toutes
les maisons de la localité.

Avant déjeuner et avant dîner j'ai pris, en
compagnie de Lépervanche, un bain et une
douche naturelle dans l'eau glacée du Cimandal,
l'un des affluents de la rivière des Galets. On
prétend ici que c'est la plus belle eau de l'île. A

Saint-Joseph, on a la même prétention pour l'eau de la rivière des Remparts et de l'Angevin. Je crois que Cimandal mérite la palme, car son parcours est absolument inhabité et l'eau est admirablement aérée, car elle est battue constamment. Elle forme d'innombrables cascades. Bouillonnante et vierge, elle se précipite et se brise en flocons écumeux sur des pentes abruptes, parsemées de roches de toutes dimensions.

Mafate ressemble beaucoup au fond de Cilaos dans sa partie la plus étroite. C'est encore plus étroit, plus noir et plus austère. Les maisons sont bâties sur un ancien éboulis recouvert d'un peu de végétation. Un autre éboulis les détruira dans un coup de vent. La source sulfureuse sort d'un rocher sur la rive droite de la rivière des Galets. Elle est peu abondante et à peine tiède. On la recueille au moyen d'un tuyau en fer-blanc, et il faut la chauffer pour les bains. Le bon docteur G... disait, avec son accent italien, que c'est de l'eau « thermale froide et qu'elle vaut mieux que l'eau thermale chaude. » Elle a peu d'odeur et n'a pas trop mauvais goût, surtout quand on la prend avec du vin. Elle guérit toutes sortes de maladies.

Saint-Paul, chez Milhet. Lundi 27 mars, minuit.

Vous connaissez les réceptions de Milhet. La ville, illuminée hier soir, a été en fête toute la journée.

Ce matin, à huit heures et demie, première station chez Troussail dans les hauts de Saint-Paul. Collation charmante : fruits, fleurs, thé, chocolat, café, vins fins, champagne, confitures sèches et autres, comme dans *les Mille et une Nuits*...

... Je ne vous ai rien dit du déjeuner chez M. Cavet. Mettez ensemble les épithètes : admirable, exquis, délicieux, copieux, magnifique, abondant, cordial *et tutti quanti,* et vous aurez une idée de ces repas homériques.

Depuis les hauts de Saint-Paul jusque dans les hauts de Saint-Leu, le pays est très fertile, merveilleusement beau.

... Vous devez vous demander comment mon estomac peut résister à tous ces grands repas. La chose est bien simple. Je fais presque diète. J'accepte une toute petite portion de deux ou trois mets que je ne dois pas retrouver en France, je mange quelques fruits, je bois de l'eau presque toujours sans vin, et le même petit verre de vin fin me suffit pour faire face à tous les tostes. Sans ces petites précautions-là, il y a longtemps que je serais tombé malade.

Saint-Leu. Mercredi 29 mars 1876, 11 h. soir.

Hier chez M. Rétout, à la Surprise, aujour-d'hui chez M. Desvallons-Euger, en ville, jour-nées complètes...

... Ce soir, à huit heures, grande foule sur la place d'Armes. La façade de la mairie, les arbres, les maisons voisines illuminées au moyen d'une quantité innombrable de bougies suspen-dues aux branches, les arbres rattachés entre eux par des guirlandes de feuillage et de fleurs éga-lement illuminées. Tribunes au fond de la place, sous un bel arc de triomphe. L'effet est ravissant. Vous connaissez le calme splendide des nuits de Saint-Leu. Pas un souffle dans l'air. Les bougies brûlaient paisiblement comme dans un salon bien clos, mais énorme, orné de végétaux gigan-tesques, et ayant pour plafond la voûte du ciel parsemé d'étoiles brillantes.

Dans la journée, un navire arrivant en rade et voyant la ville en fête s'est informé du motif et s'est pavoisé. Les marines n'ont pas travaillé.

Mon concurrent, M. Paul de Villèle, invité à cette réunion électorale, n'y est pas venu.

Saint-Louis. 30 mars.

.　.　.　.　.　.　.　.　.　.　.　.　.　.

J'oubliais un détail charmant de la fête de Saint-Louis. Il n'y a pas eu seulement l'illumination et la musique n'est pas venue seule nous chercher. Il y a eu en outre un groupe de population, et cinquante jeunes gens, tous électeurs, et appartenant aux meilleures familles de Saint-Louis, éclairaient notre marche, en bel ordre, avec des flambeaux de bois d'olivier. En même temps, un brave homme de père jésuite se démenait, en chaire, et essayait de détourner de nous les fidèles, par d'ardentes objurgations, bien inutiles!... Il a été laissé seul et tout le monde est venu avec nous acclamer la République.

Même jour.

Je me dispose à monter à Cilaos. Ce que l'on me dit des changements qui y sont survenus me fait replacer ici, comme terme de comparaison, mes souvenirs d'autrefois que je retrouve dans une lettre adressée de Paris en 1875 à mon regretté ami patriote Jules Couturier :

« *Paris, lundi 17 mai 1875.* — Mon cher ami, notre très catholique assemblée, rentrée mardi dernier de ses longues vacances, lasse déjà de cinq jours de session, a profité de la Pentecôte pour se donner un lundi de repos, dont je profite très agréablement pour causer un peu avec toi et te remercier de ta bonne lettre, ce que j'aurais dû faire plus tôt. Le stock des affaires, qui jamais ne s'épuise et se renouvelle sans cesse, fait que je ne parviens jamais à tenir ma correspondance à jour.

« J'ai lu avec bien du plaisir ta description de la vallée de l'Isère, et ta relation de l'ascension du pic de Belledonne m'a aussi beaucoup intéressé. Je me figure que tout cela est réellement fort beau, mais d'après ce que tu me dis, je vois bien, non sans un petit grain d'orgueil créole, que Salazie et Cilaos — Cilaos surtout — restent incomparables. Tu m'as fourni là un sujet d'amicales disputes avec mon spirituel collègue, M. Michal Ladichère, de Grenoble. Lui aussi est un patriote, ardent admirateur, comme nous, du pays natal.

« La manière dont l'auteur de la brochure a su que l'on pouvait gravir le grand pic de Belle-

donne m'a rappelé un de mes plus chers souvenirs de Cilaos. J'avais tenté, dans la journée,
avec le père Ferrières, la descente du Bras-Rouge.
Nous voulions aller au pied de la cascade d'en
bas (tu sais qu'il y en a deux aussi belles l'une
que l'autre, et différentes d'aspect, dans le voisinage de Cilaos). Tout à coup, M. de Ferrières
s'arrête et me dit : « Impossible d'avancer. Un
cabri marron ne passerait pas ici ! » — Le soir,
dînant chez M. Rétout en nombreuse compagnie,
je raconte ma déconvenue et je pose en fait
l'impossibilité du voyage. « J'y suis allé cette
semaine, » me répond le jeune surveillant des
bains, M. Ferdinand Legros. « Vous vous trom-
pez, répliquai-je, vous confondez les deux
cascades. » — Lui : « Je vous conduirai à l'une
et à l'autre, demain même, pour vous punir de
votre incrédulité. » En effet, le lendemain nous y
descendîmes. Le pauvre Lacaussade, mort depuis,
était de la partie. Outre M. Legros, nous avions
pour guide un beau et brave jeune homme,
Charles Magène Técher, qui s'est noyé depuis, à
la Possession, en essayant de sauver un Indien
que la ravine traînait à la mer, après un coup de
vent. Le même Charles Magène, aidé de Floricourt Grondin, avait empêché autrefois, en ma
présence, M. L..., le médecin de la compagnie
de Madagascar, aujourd'hui établi à Paris, de

tomber *au rempart*. Pris de vertige, M. L...
lâchait tout et allait dégringoler lorsque Magène
et Grondin le souquèrent de leur poigne de fer et
lui sauvèrent la vie. Il aurait fait là une plus belle
chute que Claude Frollo du haut des tours
Notre-Dame. — Au reste, la descente du Bras-
Rouge n'était, tout de bon, pas une petite affaire.
Le tracé avait été emporté presque partout par
les éboulis, et il y avait un endroit diabolique qui
surplombait et qu'il fallait franchir en s'accro-
chant des mains aux pointes du rocher, en se col-
lant le ventre contre la paroi et en cherchant du
pied les rugosités et les fentes où l'on pût poser
le bout du soulier. Sans compter les galets qui,
de temps en temps, s'échappaient de la ravine et
vous saboulaient. Mais une fois arrivés, quelle
joie de la difficulté vaincue, et quelles délices de
se plonger tout en sueur dans le bassin glacé de
la cascade, puis sans transition, dans les flaques
rougeâtres et écumantes de la source thermale!
Ma foi! ce sont de fameux plaisirs.

« J'y suis retourné bien souvent depuis, et moi-
même j'étais presque devenu un guide. A vrai
dire, on avait un peu arrangé le sentier. Mais un
jour j'ai fait un tour de force. J'avais décidé
René Orré, le président Bourette et Jules
Tiphaine à visiter avec moi le Bras-Rouge. Il
fallait, pour atteindre le pied de la grande cas-

cade d'en haut, traverser la rivière à un certain endroit où elle se déverse en une cascatelle. Le courant était rapide et fort, le lit formé de galets ronds, enduits d'un mince limon glissant comme du savon. La chose ne laissait pas de donner à réfléchir, car un faux pas pouvait nous faire filer dans la cascatelle. Ce n'eût pas été, comme disait le chirurgien Gerdy, une chute sublime (la chute n'eût été que de dix à douze mètres), mais c'était une mort non moins dure que certaine sur les rochers où l'eau se brisait. M. Bourette, René et moi nous avions passé, en nous donnant la main et nous aidant de nos *ensaures**. Mais le grand diable de Jules restait sur la rive, en contemplation véhémente. Alors, poussé d'une inspiration soudaine, je retraversai, et mettant Tiphaine à *bebesse*** sur mon dos, je le portai de l'autre côté. Ce ne fut pas tout. Pour aller plus loin, il fallait franchir un rebord de basalte, pas bien haut, mais difficile, le long duquel j'avais fait mettre quelques jours auparavant un tronc d'arbre, pour nous aider à grimper. Une *houle**** était survenue et avait emporté le morceau de bois. Je serais revenu couvert de confusion si la partie avait man-

---

* Bâton ferré terminé par une petite bêche, en usage à Bourbon.

** Expression créole pour dire *à califourchon.*

*** En créole : Crue subite de rivière.

qué. Tu sais ce que c'est que la fièvre du coureur
de montagne : elle centuple les forces et rend
l'esprit inventif. Je m'adossai contre la paroi, et
mon individu servit d'échelle, mes bras croisés
étant le premier échelon et mes épaules le second.
Eux arrivés, me hissèrent. Une fois là, mon ami,
quel spectacle ! On est dans le sanctuaire même
de la cascade. La rivière s'échappe d'une hauteur
énorme et tombe d'un bloc, avec un fracas étour-
dissant, dans un superbe bassin bleu, creusé
dans une puissante coulée de basalte. De la paroi
du rempart s'échappe une source chaude, presque
bouillante, dont les dépôts colorent la roche en
rouge foncé. René et moi nous allions remplir
des gobelets de cette eau que nous rapportions à
nos deux amis, en traversant les nuages de poussière d'eau éternellement soulevée par le vent de
la cascade. Ah bigre ! là non plus il n'aurait pas
fallu broncher !

« Le Bras-Rouge n'est pas la seule beauté du
cirque de Cilaos, qui est aussi varié que grandiose. Quand on est sur le plateau, près de
l'église ou de l'hôtel, et qu'on porte le regard
autour de soi, on se croirait au centre d'une
vaste plaine circulaire, parfaitement unie, entourée de hautes murailles. Promenez-vous un
peu, allez-y voir. Vous trouverez la plaine entre-
coupée de ravines profondes et bouleversée par

des accidents gigantesques : Pain de Sucre, Matarum, Bonnet de Prêtre, Piter-Boot, et puis l'îlette à Cordes, le bras de Benjoin, le Palmiste Rouge. Pour le climat, mêmes contrastes. Au levant, le bras *Sec,* pays rude, humide et froid, où les végétaux se couvrent de mousses, où les palmistes égarés revêtent leurs *empondres** d'une épaisse fourrure, pareille au pelage d'un singe, d'où le nom de palmiste jacquot. Cette région est privée de soleil par la disposition des montagnes formant écran. Au couchant, au pied du Bénard, le bras de Saint-Paul, climat torride, végétation luxuriante. Sur ce coin privilégié, le Bénard verse les torrents de calorique que sa paroi, lisse comme l'airain, reçoit du soleil pendant toute la durée du jour. C'est au bras de Saint-Paul qu'on voit un pied de palmiste à sept branches, célèbre dans tout Cilaos. A Saint-Pierre, il y en a un à deux branches, dans l'emplacement que j'habitais rue de la Plaine, chez mon oncle Denis de K/véguen, avant de faire bâtir ma maison du bas de la ville.

« Quant au grand pic de Belledonne, de l'Isère,

---

* La base très large du pétiole de la feuille du palmiste et qui enveloppe la partie supérieure du tronc à la naissance des feuilles, comme une sorte de cuirasse. — Le chou palmiste est la réunion des feuilles en voie de formation. C'est peut-être le mets le plus délicat qui existe. Mais pour avoir le chou, il faut détruire l'arbre.

il me paraît être, comme son nom l'indique, une aimable personne, d'humeur plus facile en réalité qu'en apparence, et qui ne se défend que pour la forme, puisque l'endroit scabreux n'est que de cinq minutes. Avec Belledonne, une dizaine d'heures, et l'affaire est faite, aller et retour. Ce n'est plus ça avec notre Piton des Neiges *, soit qu'on l'attaque de Salazie, ou de Cilaos, ou de la plaine des Cafres, ce qui est le plus facile, quoi-qu'il y ait de ce côté le *Couteau Maigre,* qui donna le frisson à Bory de Saint-Vincent lui-même. Et que serait la promenade de Belledonne, si on la comparait au pèlerinage du Piton des Neiges aux trois Salazes, en passant par les Crêtes, le Thym et le Gros-Morne ? Le *Thym,* que les cabris marrons ne franchissent pas et où le chasseur porte son chien en bandoulière sur son dos, tandis que lui-même s'accroche comme un acrobate aux pointes des rochers ; le *Gros-Morne,* où durant plus d'une heure vous mar-chez sur une sorte d'arête ou de muraille qui n'a pas un mètre de large au sommet et dominant d'un millier de mètres, à droite et à gauche, les précipices de la rivière des Galets et de la rivière du Mât. Dans ce trajet, on rencontre la caverne

---

* Le Piton des Neiges, notre montagne la plus élevée, a trois mille soixante-neuf mètres au-dessus du niveau de la mer.

du grand marron Cinaïte*, murée de blocs cyclo-
péens. J'ai fait ce voyage avec notre cher ami
Berthier. Nous avions pour guides Floricourt
Grondin, Josué et Jean-Baptiste Dijoux, Félix
Villecour Boyer, que j'avais décidés à grand'-
peine, car Floricourt, Josué et Boyer avaient
juré qu'on ne les y prendrait plus. Notre
voyage dura six jours. Le soir, en attendant le
sommeil, nous passions notre temps à rôtir sur
la braise des pommes de terre ramassées au Matarum (il n'y en a d'aussi bonnes nulle part au
monde), et à entendre Floricourt (lequel avait
des lettres) chanter des chansons gauloises, que
le grave père D... de L. avait commises dans
sa jeunesse. Nous avons couché une nuit à
la caverne Dufour, deux dans la caverne Béfouquet, une sous un gros tamarin des hauts, vers
les sources du Bras-Rouge, une autre en plein
air, dans les escarpements qui dominent les
sources de la rivière du Mât, avant d'arriver à la
caverne Béfouquet, sur un rebord, une cor-
niche étroite. Nos jambes pendaient dans le
vide quand nous voulions essayer de nous
étendre. C'était au-dessus du cirque de Salazie,
sans feu, et presque sans dîner, par un froid in-

---

* Du temps de l'esclavage, on appelait *marrons,* les noirs fugi-
tifs. Ils se réunissaient par bandes, avec des chefs élus. Cinaïte
était un de ces chefs.

tense, dans une brume pénétrante qui se résol-
vait en fins globules et saupoudrait nos vête-
ments d'une sorte de farine d'eau. Mais notre
misère a été plus que compensée. Peu à peu, le
brouillard s'est abaissé, les contours du cirque;
les hauts sommets où nous étions se sont dégagés, comme les bords d'une coupe gigantesque,
et nous avons assisté à un grand orage, déchaîné
quelques centaines de mètres au-dessous de
nous, tandis qu'au-dessus la lune brillait d'un vif
éclat, dans les hautes couches de l'air, redeve-
nues sereines. De grosses nuées, illuminées
d'éclairs, tourbillonnaient à nos pieds, se heurtant entre elles et contre les pitons et les flancs
des montagnes, avec un sourd grondement. Puis,
s'abaissant encore et se nivelant, elles finirent
par se toucher toutes et former une surface
plane, couvrant le fond du cirque d'une vaste
nappe uniforme, d'où émergeait le piton d'Anchaing comme une île au milieu d'un lac. De
temps en temps, une trouée faite dans cette
couche de vapeurs par quelque coup de vent,
nous laissait entendre l'aboiement des chiens, le
chant des coqs, et entrevoir le feu de quelque
case de créole, au loin, au fond de la vallée.

« Mais, mon pauvre ami, à quels bavardages
je me laisse entraîner et quelle rude besogne je
te donne de lire toutes ces réminiscences ! Que

veux-tu! les souvenirs de notre pays me montent parfois comme des bouffées et m'envahissent, et ce m'est un soulagement de les écrire. C'est mon excuse, que ton indulgence acceptera. D'habitude, je détruis ces paperasses, qui ne sont bonnes à rien. Je t'envoie celle-ci, qui te prouvera que j'ai une grande confiance en ton amitié, puisque je ne crains pas d'en abuser à ce point.

« Et voici que la contemplation mentale des antiques bouleversements qui ont créé les sites que je viens de te dépeindre évoque avec une saisissante *actualité* de souvenirs, les impressions de mon premier voyage à notre volcan moderne, comme je les ai ressenties il y a bientôt vingt ans.

« Dans la soirée du ... novembre 1858, les montagnes qui sont à l'est de Saint-Pierre furent couronnées d'une immense lueur. Des nuages ardents s'élevaient comme la fumée d'un vaste incendie. C'était le réveil du volcan, après un sommeil de neuf années.

« Les voyageurs venus de Saint-Philippe racontaient que l'éruption s'était annoncée par une détonation semblable à un coup de canon. La nuit commençait à se faire. Aussitôt un nuage de feu parut au sommet de la montagne, et, tombant en cascade le long de ses flancs, se prolongea dans la plaine, traversa la route et atteignit en moins de vingt-quatre heures le rivage de la mer, après avoir parcouru un espace de près de trois lieues.

« La rareté du spectacle attira les curieux. Lorsque j'arrivai au bord de la coulée, elle était en partie éteinte et refroidie dans la plaine; on pouvait même, en certains endroits, s'aventurer à sa surface, mais sur les grandes pentes de la montagne, la cascade ardente avait conservé tout son éclat. Pendant la nuit, un nouveau flot de lave vint l'augmenter. Elle se divisa alors en plusieurs branches qui se rejoignirent ensuite pour se séparer de nouveau, formant ainsi un *réseau admirable* (rete mirabile) aux nuances variées. Ce torrent de feu si vivement tranché sur le fond noir de la montagne, sa marche progressive, sa lueur livide éclairant la sombre aridité du paysage, formaient un spectacle effrayant, plein de magnificence et de grandeur.

« L'éruption dura peu de jours. Le volcan avait couvert de ses déjections une étendue de pays longue de près de trois lieues, sur cinq ou six cents mètres de large. L'épaisseur de la coulée était d'un dizaine de mètres en moyenne. L'équilibre semblait rétabli; le volcan sembla s'apaiser.

23

« Cependant, six mois plus tard, le .. mai 1859, la même lueur caractéristique éclaira de nouveau les montagnes. L'incendie s'était reproduit plus prodigieux que l'année précédente.

« Quelques-uns de mes amis se décidèrent alors à aller au cratère. Je les accompagnai. Nous voulions voir de près le spectacle grandiose d'une éruption de notre formidable volcan.

« Nous partîmes de Saint-Pierre le samedi 14 mai 1859, à sept heures du matin. Une charrette, expédiée quelques heures plus tôt, portait nos bagages et l'un de nos compagnons. Deux guides créoles, Josémont Lauret et Charles Lefèvre, et une douzaine de noirs formaient escorte. Ces derniers destinés à se charger des bagages au moment où la route cessera d'être praticable à la charrette.

« Montés sur des mules, nous prenons gaiement le chemin de la plaine, belle route, entourée de magnifiques champs de cannes, bordée en quelques endroits de grands vacoas*. Partout de beaux points de vue. La route s'éloigne toujours du rivage de la mer et s'élève au fur et à mesure qu'elle s'avance dans l'intérieur de l'île. Après

---

* *Pandanus utilis.* Belle plante dont la feuille sert à confectionner les sacs d'emballage dans lesquels s'exporte de la colonie en France tout le sucre et tout le café récoltés dans l'île.

avoir parcouru quatre lieues environ, elle atteint la lisière de la forêt. Non plus la forêt vierge, car elle est déjà en partie dépeuplée. On voit çà et là des arbres renversés, couverts de mousses et d'orchidées, corps immenses abattus par le temps et formant un singulier contraste avec les tas de planches, les pièces éparses, les troncs fraîchement coupés, indices de l'invasion récente du travail de l'homme. Encore quelques années, et les représentants vénérables de la vieille nature auront disparu de nos forêts. La culture aura gagné un nouveau domaine. Et s'il nous est donné de revoir ces mêmes lieux au déclin de nos jours, nous ne les reconnaîtrons plus, nos souvenirs seront en défaut. Il n'y a pas longtemps que l'homme occupe Bourbon, et cependant, quelles transformations, quels changements se sont déjà opérés sous sa main !

« On s'arrêta pour déjeuner à un endroit nommé la Porte de la Ravine Blanche. Le lit de la ravine, comblé en partie par un antique courant de lave, est ici recouvert d'une voûte naturelle, formant une très belle grotte. Une oseille sauvage, à grandes feuilles, croît en abondance dans les trous où un peu d'humus s'est accumulé. Les eaux pluviales rassemblées dans les dépressions de la roche forment une précieuse ressource pour le voyageur. Des deux côtés de la ravine existent des halliers épais au milieu desquels il faut se frayer un passage la hache à la main*.

« La charrette ne pouvant plus continuer, les noirs se chargent chacun d'un paquet contenant les provisions de bouche et les couvertures. Lorsqu'on entreprend un voyage dans l'intérieur de l'île Bourbon, il faut faire d'abord le complet sacrifice de toute habitude sybarite. On porte pour nourriture le strict nécessaire; pour dormir, on se roule dans sa couverture; pour couchette, on a le sol; pour abri, quelque caverne ou la voûte du ciel.

« La forêt ne tarde pas à prendre un caractère plus sauvage. Elle n'a guère été attaquée que pour la traversée du sentier, mais la végétation est moins belle que dans la zone inférieure. Les teintes sont moins foncées, les troncs plus grêles, plus couverts de mousses blafardes, les arbres morts sont en plus grand nombre, les belles orchidées sont plus rares. L'influence constante du froid humide et d'un sol maigre commence à se faire sentir. En quelques endroits les plantes sont toutes rabougries. On ne rencontre plus que des ambavilles et des bois-de-fleurs-jaunes**

---

* Le déboisement a changé tout cela. J'ai revu, quelques années plus tard, ces mêmes lieux. Je ne les ai pas reconnus.

** *Hypericum penticosia.*

au milieu desquels s'élèvent quelques tamarins des hauts*. De temps en temps on foule la lave nue, ou recouverte par places d'un mince tapis de mousse ou de gazon.

« Après deux heures de marche à partir de la Porte, on arrive à la plaine des Cafres. Nous quittons alors le tracé destiné à devenir la grande route, et nous prenons un sentier qui nous conduit, à travers un bocage de mimeuses hétérophylles, chez M. Boisjoli Potier, notre ami, où la plus gracieuse hospitalité nous est accordée. Là, une jolie maison située sur une esplanade au milieu de grands arbres, un beau potager entouré de plates-bandes de fleurs et parsemé d'arbres fruitiers de France, retraçaient à nos yeux le souvenir d'une maison de campagne européenne. Quelques coquelicots élevant leurs corolles rouges parmi les épis d'un petit champ d'orge, des pensées venues en plein champ, des pommes de terre en tas sur le sol, des brebis éparses, un beau troupeau de bœufs échelonné sur les pentes d'une colline, la teinte pâle et mélancolique du paysage, un air de solitude plein de charme, la vue des montagnes bleues bornant l'horizon dans le lointain, complétaient

---

* *Mimosa heterophylla.* Arbre énorme qui donne un très beau bois d'ébénisterie, excellent pour toutes sortes d'ouvrages. C'est le meilleur bois qui existe pour la construction des navires.

l'illusion. Je me croyais transporté, au déclin de
·l'été, dans une ferme des Alpes.

« Le lendemain 15, à sept heures du matin,
notre caravane se met en route. Nous partons à
pied. La nuit a été glaciale. Nos membres sont
engourdis.

« Le sentier traverse tantôt des halliers épais,
tantôt serpente sur les flancs nus ·de mamelons
qui ne sont autre chose que des cratères éteints,
tantôt redescend dans la plaine et se perd dans
le maigre gazon de savanes étroites et humides,
entourées de tous côtés de pitons élevés.

« A neuf heures on fait halte. Malgré le froid du
matin, nous sentons le besoin de nous désal-
térer. La ravine du bras de Ponteau nous offre
son eau pluviale, d'une limpidité parfaite, amassée
dans les dépressions de la lave.

« A partir de cet endroit, le sentier s'élève constamment. La marche est fatigante malgré les
distractions que présentent une nature inconnue
et des points de vue nouveaux. La végétation
devient rare. On ne trouve. plus que de maigres
ambavilles. Après avoir contourné la base du
Piton de Sable qui domine l'encaissement de la
Rivière des Remparts, nous arrivons à l'entrée de
la caverne *Latanier*. C'est là que nous passerons la
nuit. Il est midi. Nous avons marché cinq heures,
toujours en montant.

« La caverne est située dans la plaine de Cilaos *. Je ne sais pourquoi on l'appelle caverne Latanier : à cette altitude (deux mille mètres) où la température est froide, aucun palmier ne pousse, le latanier moins que tout autre, car il a besoin des terres chaudes du bord de la mer.

« Non loin de la caverne est le beau cratère Commerson, d'une profondeur vertigineuse, et que les créoles nomment *Trou Fanfaron*. Plus loin, le Pas des Sables et la Plaine des Sables (sables volcaniques) parsemés de cratères et aboutissant au pas de Bellecombe.

« Du pas de Bellecombe la vue s'étend sur une plaine noire, aride, désolée, sans aucune trace de végétation, sise à une immense profondeur.

« Une montagne noire et grise, très élevée **, chenue, semblable à un cône très aplati, borne la vue et forme le fond du tableau, dont le caractère est d'une imposante austérité. Elle dessine sur le ciel bleu une ligne très simple, mais ample et

* Deux endroits fort éloignés l'un de l'autre portent ce nom dans les hauts de l'île Bourbon. — Cilaos était un ancien noir marron. Il habitait la caverne *Latanier,* près du volcan. Pourchassé par la police, il vint mourir près des étangs situés au pied du Piton des Neiges. — De là son nom aux deux localités.

** Le volcan de l'île Bourbon est à deux mille six cent vingt-cinq mètres au-dessus du niveau de la mer. Le point culminant est le cratère Bory. Le cratère en activité, Piton de Fournaise, est un peu moins haut.

belle. L'ensemble n'est point sauvage, mais sévère et d'une sublime simplicité.

« C'est au sommet de la montagne qui est devant nous qu'il faut parvenir. Pour arriver à ce sommet il faut traverser la plaine aride, tout entière formée de laves refroidies ; et pour arriver à cette plaine, il faut franchir le pas de Bellecombe, sorte d'escalier abrupt à peine tracé le long du précipice. — Deux cent soixante-seize mètres à pic. C'est la descente aux enfers. On en revient, car j'ai fait plus d'une fois ce trajet. »

Cilaos, chez M. Baptiste Lauret.

Vendredi 31 mars 1876, 10 h. 1/2 soir.

Revenons à mon voyage actuel. Je ne vous écrirai pas longtemps ce soir, *car* il fait froid, *car* je suis à Cilaos.

Ce matin je me suis levé à quatre heures, non sans quelque peine. J'ai quitté à regret mon excellent lit. J'ai fait ma correspondance, et au petit jour je suis sorti. Le temps était d'une pureté parfaite, les montagnes admirables. Le Piton des Neiges et le Bénard se sont teintés en rose aux premiers rayons du soleil. Il faisait un frais délicieux. J'ai achevé mes lettres et je suis allé visiter le plateau. Il y a bien du changement à Cilaos. Tous les creux sont remplis d'eau, peuplés de petits poissons et fréquentés par des quantités de poules d'eau. La chasse étant interdite et la surveillance de la gendarmerie très soigneuse, on voit les poules d'eau se promener tranquillement sur les étangs. Il y a aussi de l'eau et du poisson au trou Pilon.

Vous vous rappelez l'ancien emplacement de Mme Baptiste où la gendarmerie a été mise plus tard. Cet emplacement a été en partie détruit. Entre cet endroit et la case du père Furcy Hoarau qui est sur la hauteur, une ravine s'est formée, une vraie ravine, versant dans le bras des étangs au-dessous des bains, vis-à-vis la maison Rétout. Le lit de ce torrent forme un cours d'eau et une cascade nouvelle. Les rampes qui mènent du plateau au fond où se trouvent les bains sont très abîmées, mais encore assez boisées. La route, jusqu'à Cilaos, est toujours admirable comme points de vue, mais elle est en assez mauvais état. A la Plateforme, il y a eu aussi des éboulis, et la fameuse cascade que vous connaissez se voit mieux. Elle est *formidable, effrayante**.

---

* D'énormes rochers éboulés pendant un ouragan ont comblé le bassin de la cascade qui s'est transformé en un simple rapide. (Voir page 44.)

Grand Bassin, chez M. Ruel Hoarau.

Mardi 4 avril, 6 h. matin.

... A une heure et quart je suis parti de la plaine des Palmistes pour le Grand Bassin.

... Cette plaine des Palmistes est un des endroits les plus pittoresques du monde. J'ai eu un plaisir infini à la revisiter et le temps m'a favorisé. Mais à la Grande Montée, un formidable grain de pluie nous a surpris. La route était transformée en torrent. Arrivés à la plaine des Cafres, nous avons retrouvé le beau temps. La température était délicieuse, et les points de vue, mis en valeur par mille jeux de lumière, étaient vraiment merveilleux. Après avoir marché une heure dans les prairies, nous avons pris le sentier dans les hauts de la forêt Cabeu. Vous savez, cette fameuse forêt que j'avais tant envie d'acheter! quelle magnificence! On n'a pas idée de cette végétation-là en Europe. Après la forêt nous avons pris la pente du Piton Bleu formant l'encaissement du bras de la Plaine. Quelle descente! quelle effroyable profondeur..., effroyable pour nos jambes, car il y a peu de danger, la pente étant presque constamment boisée. Après une heure et demie de

descente, de branche en branche, de racine en
racine, de roche en roche, de tronc en tronc, nous
sommes arrivés à l'îlette du Grand Bassin vers six
heures du soir. Les habitants, convoqués par Ruel
et par Corneille, m'ont salué d'une mousqueterie
bien nourrie et des cris de : « Vive la France!
vive la République! »

Au bas du rempart nous avons trouvé un jeune
créole nous attendant en plein champ à côté
d'un petit feu qu'il entretenait avec soin et d'où
s'élevait une légère colonne de fumée bleuâtre.
Il avait de l'eau chaude toute prête; c'était pour
nous faire du café. La divine boisson nous fut
servie dans des tasses de porcelaine dorée, d'un
modèle ancien et élégant. Quant au dîner chez
Ruel, c'est le premier repas sans champagne
que j'ai fait dans ma tournée. Mais il y avait
mieux : pomard à discrétion, comme vin ordinaire; chambertin à discrétion, comme vin extra.
Et quel chambertin! je n'en ai jamais bu de
meilleur. Les mets, comme qualité et quantité,
étaient à la mode de l'Entre-Deux et ce n'est pas
peu dire. Après un pareil repas, j'ai eu la chance
de bien dormir.

... Depuis bien longtemps je désirais visiter
le bras de la Plaine. Or, je l'ai suivi depuis sa
source jusqu'à l'Entre-Deux. J'ai vu le fameux

bassin des Chites dont Bory de Saint-Vincent a donné un dessin charmant. J'ai traversé des îlettes admirables. Vous savez que le bras de la Plaine alimente le canal Saint-Étienne. C'est la rivière saint-pierroise par excellence, et, je crois, le plus beau cours d'eau de la colonie. La rivière de l'Est est plus puissante, mais plus redoutable, plus sauvage. Le bras de la Plaine ne roule pas des paillettes d'or comme le Pactole, mais que d'or il produit en portant par le canal Saint-Étienne la fécondité dans les plaines de Saint-Pierre !

.   .   .   .

En résumé, en moins d'un mois, j'ai fait deux fois le tour de l'île; j'ai traversé l'île deux fois dans sa largeur, de Saint-André à la Possession, — et de Saint-Benoît à Saint-Louis. — Je suis allé deux fois au pied du Piton des Neiges, en des points opposés : Salazie, Cilaos. J'ai vu des masses de monde en réunions publiques. J'ai causé à fond avec beaucoup de monde. Je me suis informé de toutes choses : si je ne connais pas mon pays, je ne le connaîtrai jamais.

Saint-Pierre.

Dimanche 9 avril 1876, jour des élections. Minuit.

J'ai passé ces deux derniers jours auprès de nos chers amis de l'Entre-Deux, chez M. et Mme Corneille Hoarau. Hier, fête patriotique, banquet, retraite aux flambeaux. Ce matin, banquet d'adieu dans une charmante salle verte. — Cette après-midi, je suis rentré en ville. Ce soir, à minuit, Le Cocq est venu m'annoncer le résultat des élections. Je suis nommé par plus de onze mille voix.

... Je suis donc, pour la deuxième fois, l'élu de mon pays... J'en éprouve une gratitude profonde et, plus que jamais, je lui suis dévoué. Ah! si ses intérêts ne sont pas bien défendus par moi, ce ne sera pas, du moins, le dévouement qui me manquera.

. . . .

Saint-Denis. Lundi 24 avril.

... Je suis allé passer la nuit au Brûlé. M. Bourette m'avait prêté sa maison. J'ai dîné avec

24

Hervé, chez sa belle-mère, Mme Doussot. Le Brûlé
de Saint-Denis, c'est la France. Il y fait plus que
froid. Les parterres de fleurs y sont admirables.
— J'ai passé une bonne nuit, en partie consacrée
au travail (de trois heures du matin à cinq heures
j'ai compulsé des dossiers). Puis je suis allé
prendre un bain glacé dans le bras Maho.

En mer, à bord du Godavéry. *Mercredi 3 mai.*

.   .   .   .

... J'ai quitté ma chère colonie de Bourbon
le 30 avril. La population m'a accompagné
jusqu'à l'embarcadère, musique en tête. Le
paquebot a levé l'ancre à cinq heures et demie.
Je suis resté sur la passerelle très longtemps et
j'ai contemplé cette terre si bonne pour moi et
à laquelle je dois tout mon amour, tout mon
dévouement. Dans la nuit on apercevait le feu
du phare de Sainte-Suzanne. Reverrai-je jamais
ce beau et brave pays?

En rade des Séchelles. Jeudi 4 mai.

... Bénies soient les charmantes Séchelles où
vos chères lettres m'attendaient depuis deux

jours! Nous avons mouillé à minuit, assez loin de
Sainte-Anne et très loin de Mahé. Il faisait un
clair de lune assez beau. Vers deux heures du
matin, l'agent des messageries est arrivé à bord,
portant dans une petite malle en fer-blanc mes
lettres et journaux... Je me suis installé sur le
pont, avec deux bougies dans des verrines, et je
me suis mis à lire, agité de sensations diverses au
fur et à mesure de ma lecture. Nul salon plus
grandement original que celui au milieu duquel
j'étais, le navire reposant sur la rade immense,
entourée d'îles et éclairée par la lune.

En mer. Lundi 8 mai.

Depuis vendredi cinq heures soir, nous sommes
dans l'hémisphère nord. Aujourd'hui, vers midi,
nous avons aperçu la côte d'Afrique à Rasafoun.
La chaleur est accablante. Abomination! le mal
de mer me reprend. Si j'ai commis de gros pé-
chés dans cette vie, le bon Dieu, dans l'autre
monde, me condamnera sûrement à naviguer. Et
peut-être mes navigations actuelles sont-elles
l'expiation de quelque grand crime perpétré dans
les existences antérieures, ce qu'au surplus je ne
crois pas, n'en déplaise au philosophe Jean Rey-
naud.

En mer. Mardi 9, 8 h. matin.

Nous avons doublé le cap Gardafui hier dans la soirée, de huit heures à neuf heures, par un beau clair de lune. Nous avons pu distinguer la haute falaise, qui ressemble au cap Bernard, et plus loin, des plages sablonneuses, puis encore des montagnes. J'avais vu ce même spectacle de jour, avec vous, à la fin de 1870. Par le travers du cap, nous avons rencontré un boutre arabe, faisant voile vers l'est. C'est peut-être quelque négrier portant des esclaves au golfe Persique. S'il est rencontré par un croiseur anglais, il sera confisqué corps et biens. Boutre et cargaison seront vendus au profit des officiers et de l'équipage du navire anglais. Les esclaves et leurs ex-maîtres seront conduits aux Séchelles et de là répartis comme travailleurs *libres* (libres!) chez les planteurs, dans les colonies anglaises.

Les Français ont d'autres procédés. Autrefois ils prenaient le boutre et le coulaient après en avoir retiré les passagers, esclaves et maîtres, qu'ils reconduisaient dos à dos à Zanzibar. Aujourd'hui ils ne s'en mêlent plus; notre diplomatie est soucieuse de ne point gêner les Anglais dans leurs gentilles opérations.

Ces bateaux-là sont très solides et ils ne voyagent qu'avec la mousson. De temps immémorial on les connaît, n'ayant jamais changé leur construction, ni leur manière de naviguer. C'est probablement comme cela que les vaisseaux du roi Salomon faisaient le commerce.

Dimanche 14 mai, 7 h. matin.

Ennuyeux séjour en attendant l'*Iraouaddy*.

... Aden, ou pour mieux dire la rade de Steamer-Point, est un des endroits les plus beaux du globe. Par exemple, il ne brille pas par la végétation, mais que la lumière y est grande et sait faire valoir les petites montagnes qui entourent la mer !

Ce matin, à l'heure où les matelots nous ont fait déguerpir pour laver le pont, trois navires signalés. On voit venir un tas de choses, mais rien de ce que nous attendons.

Les journées se passent à bâiller, à haleter, à gémir, à voir les petits Somalis faire leurs jeux dans l'eau, et, par instants, à admirer la beauté du spectacle de cette nature ardente et si grandement éclairée de Steamer-Point. Le soleil flamboie de toutes parts. Le lever et le coucher sont toujours fort beaux ; quand le soleil a disparu de l'horizon, il se forme dans le sud-ouest de gros nuages, sur la côte arabe, qui ne tardent pas à être sillonnés d'éclairs splendides. De temps à autre de fraîches bouffées d'air, mais par moments aussi un souffle embrasé.

La nuit, au clair de lune, la vue des montagnes est fort belle, et en reportant les regards plus près de nous, on jouit du spectacle du pont transformé en dortoir : les uns sur des bancs, d'autres dans des fauteuils, d'autres sur le plancher. J'ai adopté un banc où je ne puis pas me vanter d'être bien. Mais je me résigne. Ce qui est amusant la nuit, c'est le concert des ronfleurs : nous en avons trois du plus grand mérite. Mais leur maître à tous est M. le professeur J..., que vous connaissez. Figurez-vous la trompette du jugement dernier éclatant au milieu d'un troupeau de cent mille moutons bêlant tous ensemble. Figurez-vous ce formidable bêlement, rehaussé du son de la trompette dernière, et vous aurez une faible idée des facultés barytonnantes de M. J...

Ce matin, plusieurs passagers se disposent à aller à la messe à Steamer-Point. Tous les cultes sont représentés ici, et la garnison se compose principalement d'Irlandais catholiques.

Croiriez-vous qu'il n'est pas encore venu à bord de juifs marchands de plumes! J'en demandais la raison, hier, à un Parsi, qui est venu

offrir des pantoufles. Il m'a répondu que les
plumes étaient hors de prix et pas bonnes dans
cette saison. Je pense qu'il a voulu dire qu'il n'y
a en ce moment que les rebuts, et trop cher. En
revanche, un quart d'heure avant le dîner, hier,
sept ou huit Somalis sont venus offrir deux
jeunes hyènes. Ces abominables bêtes puaient
le diable; elles paraissaient sur le point de crever, tout embrenées. Or, mes amies, trois cui-
siniers sont venus les tripoter et caresser, après
quoi je les ai vus remettre leurs pattes sales à
la pâte, c'est-à-dire je les ai vus de mes yeux
servir les plats sans s'être lavé les mains!!...

... M. Harel, de Maurice, qui écrivait tout à
l'heure à côté de moi, m'a montré avec orgueil un
échantillon de sucre de sa fabrication. C'est vraiment superbe. Il m'en a donné un petit cornet
pour que je le fasse voir à nos compatriotes.

Même jour, 4 h. après midi.

Mes chéries, j'ai fait aujourd'hui un coup de
commerce. Les marchands juifs sont venus, après
déjeuner; justement personne n'y comptait plus,
mais je vous en avais parlé ce matin, et quand
on parle du loup, on en voit la queue. L'un d'eux

m'a offert des plumes blanches et grises : un paquet de quatre pour quatre livres sterling. J'en ai offert un napoléon. Indignation du Juif, qui se ravise pourtant et me prend au mot. J'exige alors deux autres petits paquets que le Juif m'accorde sans difficulté, d'où je conclus que j'ai été outrageusement mis dedans. C'est vous qui éclaircirez ce point.

Mardi 16, 6 h. matin.

Les jours se suivent et se ressemblent, et nous continuons notre réclusion sur la rade de Steamer-Point. Or des vapeurs sont entrés depuis l'autre jour. Le nôtre est toujours en retard.

Même jour, 4 h. après midi.

Hourrah ! l'*Iraouaddy* est enfin signalé...

En mer Rouge, à bord de l'Iraouaddy.
Jeudi 18 mai 1876.

L'*Iraouaddy* est arrivé à Aden avant-hier mardi entre cinq et six heures du soir. Ce sont des avaries dans sa machine qui l'ont retardé... Quelle perte de temps il nous a fait subir !...

Lundi 22 mai, 7 h. matin.

Un de ces derniers soirs, samedi, je crois, les Anglais, sous prétexte de soirée musicale, ont organisé une grande buverie de champagne. Je n'y ai pas assisté, comme de juste, j'avais d'abord le mal de mer et j'étais très maussade. Mais le brave Gaston a été attrapé; on lui a passé la liste de souscription, et il s'est cru obligé de souscrire. Je l'ai engagé à se rattraper en buvant comme les autres. Grâce à Dieu, il n'a pu suivre ce conseil donné en plaisantant. Il s'est arrêté au sixième demi-verre de champagne frappé et n'a mangé qu'une glace. Pour atteindre le niveau de chaque Anglais, il aurait fallu absorber plusieurs bouteilles. Mais Gaston est un sage et sobre jeune homme, bien élevé. Il paiera galamment le champagne bu par les Anglais et ne se laissera plus prendre. L'expérience s'achète.

Mercredi 24, 8 h. matin.

Nous sommes arrivés à Suez hier dans la matinée, et vers midi nous sommes entrés dans le canal. Mais nous n'avons pas pu arriver hier même à Ismaïlia. Force nous a été de passer la nuit, à l'ancre. Ce matin, à quatre heures et demie, nous nous sommes mis en route. Nous venons de passer devant Ismaïlia. Nous serons tantôt, il faut l'espérer, à Port-Saïd.

Hier, l'agent des messageries, en venant à bord, nous a annoncé la mort de Ricard et son remplacement par M. de Marcère au ministère de l'intérieur.

La mort de Ricard m'a fait beaucoup de peine, non pas que j'eusse une confiance absolue dans sa politique, mais c'était un honnête homme, de grand talent, un républicain qui a largement contribué à la fondation de la République. Je l'aimais sincèrement, car il a toujours été bienveillant pour moi. Sa mort est une perte pour la France. Ricard pouvait devenir un grand ministre.

En mer Méditerranee, à bord de l'Iraouaddy.

Vendredi 26 mai 1876.

Nous sommes arrivés à Port-Saïd avant-hier mercredi, à deux heures. — Temps d'arrêt pour faire notre charbon. — Puis, en route pour Marseille.

Dimanche 28, 3 h.

Demain à pareille heure nous serons à Naples.
— En ce moment nous sommes en vue des côtes
de Calabre, et l'Etna se montre à notre gauche,
au-dessus des nuages.

Avant-hier vendredi, nous avons longé, toute
l'après-midi, l'île de Crète. Hier, nous avons vu
dans le lointain Cérigo, l'ancienne Cythère.

Mercredi 31 mai 1876.

Enfin, je les ai devant les yeux, les douces
rives de France, tant aimées et tant désirées. A
demain le bonheur d'être près de vous et de terminer dans de bonnes causeries le récit de mon
odyssée. Mais ce que je vous redirai sans cesse,
et ce que je ne saurai trop vous redire, c'est le
dévouement, le profond amour, la gratitude que
nous devons à notre belle et vaillante petite patrie
créole, notre chère île Bourbon.

TABLE

ERRATA

Page 18, 16e ligne, au lieu de *se colorant*, lisez : *se coloriant*.

Page 25, 18e ligne, au lieu de *observation de dimanche*, lisez : *observation du dimanche*.

Page 51, à la date *jeudi 15*, ajoutez : *Saint-Denis*.

Page 93, 15e ligne, au lieu de *toute la liberté*, lisez : *toute liberté*.

Page 123, note, 4e ligne, au lieu de *Shewington*, lisez : *Shervington*.

Page 125, 13e ligne, après les mots ... *de la mer*, ajoutez : *et qu'ils comparent à la Suisse*.

Page 171, note, 9e ligne, au lieu de *annexion de Lessouto*, lisez : *annexion du Lessouto*.

Page 173, 21e ligne, au lieu de *umière*, lisez : *lumière*.

Page 214, à la date, au lieu de *bord*, lisez : *port*.

Page 231, 14e ligne, au lieu de *Seychelles*, lisez : *Séchelles*.

Page 243, 14e et 21e ligne, au lieu de *Chamborne*, lisez : *Champborne*.

Page 246, à la date, au lieu de *chez Milho*, lisez : *chez Milhet*.

Page 249, 25e ligne, au lieu de *du Mesgneil*, lisez : *du Mesgnil*.

Page 255, 3e ligne, au lieu de *ami patriote*, lisez : *ami et compatriote*.

Achevé d'imprimer

le six juillet mil huit cent quatre-vingt-onze

PAR

ALPHONSE LEMERRE

25, RUE DES GRANDS-AUGUSTINS, 25

A PARIS

I.-3. — 1379.

A. LEMERRE, ÉDITEUR, 23-31, PASSAGE CHOISEUL

BIBLIOTHÈQUE CONTEMPORAINE

VOLUMES IN-18 JÉSUS, IMPRIMÉS SUR PAPIER VÉLIN
Chaque volume : 3 fr. 50

DERNIÈRES PUBLICATIONS

BARBEY D'AUREVILLY. .	*Littérature étrangère*	1 vol.
PAUL BOURGET	*Un Cœur de Femme.*	1 vol.
—	*Physiologie de l'amour moderne.* . .	1 vol.
—	*Nouveaux Pastels*	1 vol.
JULES BRETON.	*La Vie d'un Artiste*	1 vol.
PHILIPPE CHAPERON. .	*Misères de Cœur.*	1 vol.
ADOLPHE CHENEVIÈRE.	*Double faute*	1 vol.
FRANÇOIS COPPÉE . . .	*Henriette.*	1 vol.
—	*Toute une Jeunesse.*	1 vol.
JANE DIEULAFOY . . .	*Parysatis.*	1 vol.
FERDINAND FABRE. . .	*Ma Vocation.*	1 vol.
PAUL FLAT.	*L'Art en Espagne.*	1 vol.
MARCEL FOUQUIER. . .	*Profils et Portraits.*	1 vol.
ED. & J. DE GONCOURT.	*Sœur Philomène.* (Éd. Guillaume).	1 vol.
PAUL HERVIEU.	*L'Inconnu.*	1 vol.
—	*Flirt*	1 vol.
—	*L'Exorcisée*	1 vol.
DANIEL LESUEUR. . . .	*Névrosée.*	1 vol.
—	*Une Vie tragique*	1 vol.
LORD LYTTON	*L'Anneau d'Amasis.*	1 vol.
FRANÇOIS DE MAHY. .	*Autour de l'île Bourbon et de Madagascar.*	1 vol.
PAUL MARIÉTON. . . .	*La Terre provençale.*	1 vol.
ANDRÉ MELLERIO. . .	*Jacques Mérane*	1 vol.
FRANCIS POICTEVIN. .	*Presque*	1 vol.
POUVILLON.	*Jean-de-Jeanne.*	1 vol.
—	*Chante-Pleure*	1 vol.
MARCEL PRÉVOST . . .	*Cousine Laura.*	1 vol.
—	*La Confession d'un amant.*	1 vol.
J. GUY ROPARTZ. . . .	*Notations artistiques.*	1 vol.
J.-H. ROSNY.	*Daniel Valgraive.*	1 vol.
ANDRÉ THEURIET . . .	*L'Oncle Scipion.*	1 vol.
—	*Charme dangereux.*	1 vol.
—	*Mademoiselle Roche.*	1 vol.
LÉON TOLSTOÏ.	*La Sonate à Kreutzer.*	1 vol.
—	*Marchez pendant que vous avez la Lumière.*	1 vol.
—	*Les Fruits de la science*	1 vol.
EUGÈNE VERMERSCH. .	*L'Infamie humaine*	1 vol.
VIGNÉ D'OCTON	*L'Éternelle Blessée.*	1 vol.
—	*Au Pays des Fétiches*	1 vol.

Paris. — Imp. A. LEMERRE, 25, rue des Grands-Augustins. — 1379